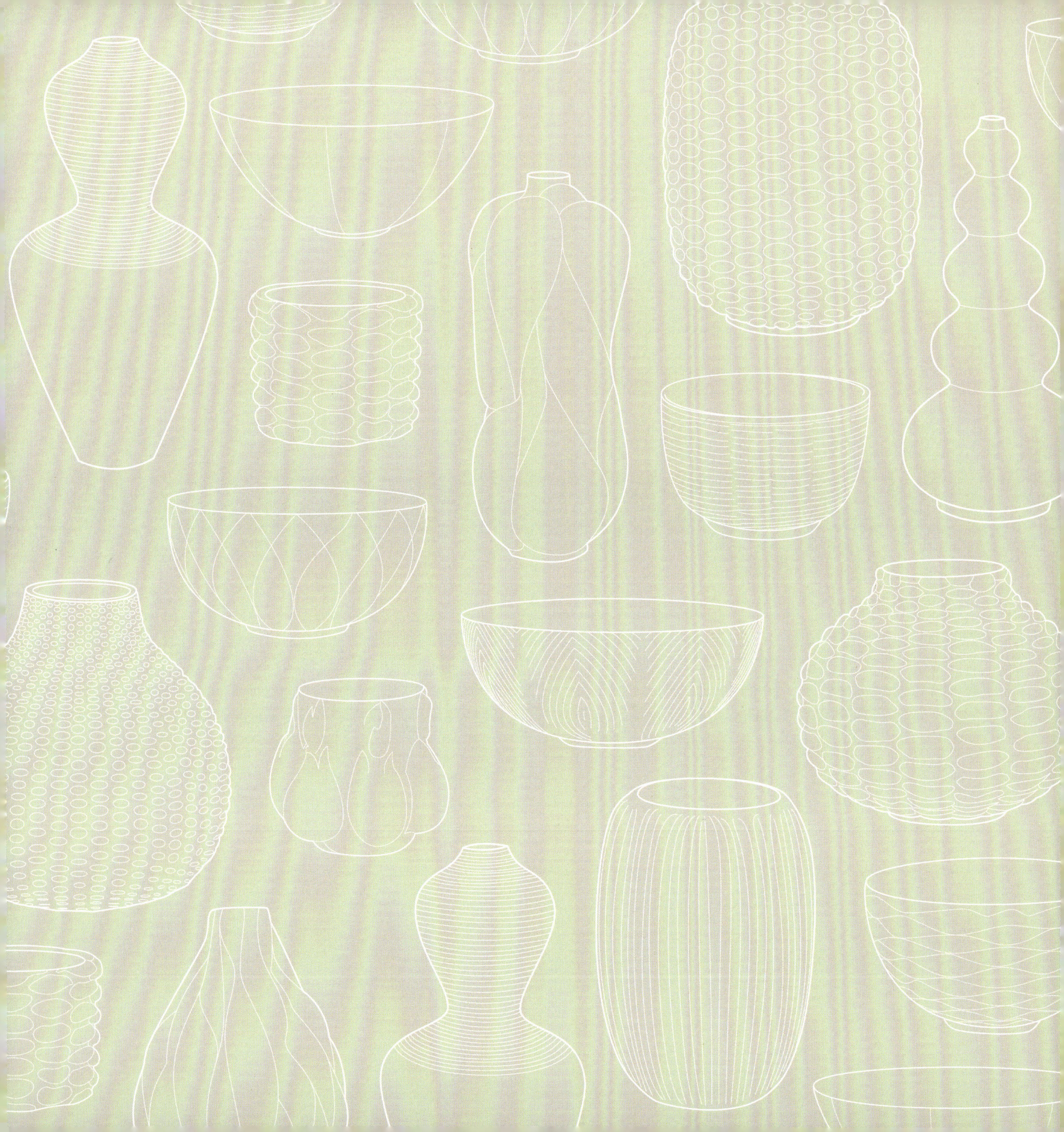

GESTRICKT WIE GETÖPFERT

Annette Danielsen

GESTRICKT WIE GETÖPFERT

Abkürzungen/Erklärungen

abh = abheben
abhFh = abheben mit dem Faden hinter der Masche
abhFv = abheben mit dem Faden vor der Masche
abn/ Abn = abnehmen / Abnahme(n)
beg = beginnen
HilfsNd = Hilfsnadel
HinR = Hinreihe = Außenseite
li = links
M = Masche(n)
Nd = Nadel
R = Reihe(n)
Rd = Runde(n)
re = rechts
RückR = Rückreihe = Innenseite
str = stricken
U = Umschlag (den Faden von vorne nach hinten über die rechte Nadel legen)
verschr = verschränkt
verschr U = 1 neue M wie beim Schlingenanschlag aufnehmen
wdh = wiederholen
zun/ Zun = zunehmen / Zunahme(n)
zus = zusammen
zw = zwischen

1 neue re: den Querfaden vor der nächsten M auf die li Nd heben und re verschr str

1 neue li: den Querfaden vor der nächsten M verdreht auf die li Nd heben und li str

2aus1M str: 1 M aus dem vorderen Maschenbogen re str, dann eine 2. M aus dem hinteren Maschenbogen der selben M re verschr str

Verwendete Garne

Die Informationen zu den Garnen finden Sie unter: *www.isagerstrik.dk.* Sie können die Garne und Bücher bei den dort empfohlenen Isager Geschäften in Deutschland kaufen

Korrekturen

www.annetted.dk
Die Korrekturen für die dänische Ausgabe wurden in der deutschen Ausgabe bereits berücksichtigt.

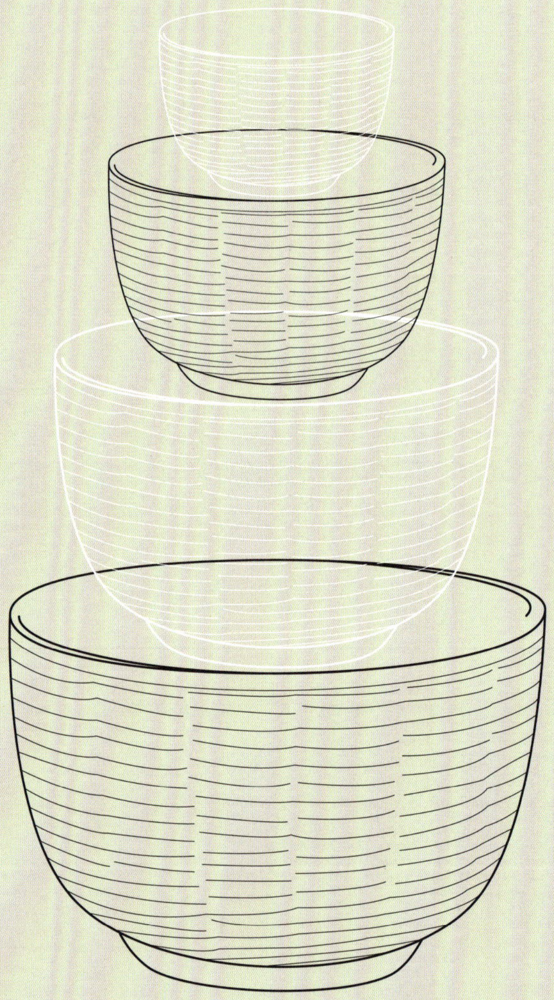

GESTRICKT WIE GETÖPFERT

Inspirationen können einen wie ein Blitz aus heiterem Himmel treffen und sie können plötzlich verschwinden wie ein Seenebel.... aber kann man es auch lernen die Inspiration auftauchen zu lassen oder einen Moment zurückzuhalten?

Zusammen mit einer Gruppe begabter Frauen habe ich das CLAY Keramikmuseum in Middelfart besucht, um die Ausstellung „Axel Salto – Stentøjsmesteren" zu besichtigen.

Ich gehe freudig in die Ausstellung – nichtsahnend, was mich dort erwarten wird.
Kaum bin ich zwei Schritte in der Ausstellung, halte ich inne. Ich werde begrüßt von einer wundervollen Welt aus Oberflächen, Mustern und Farbspielen, die danach schreien gestrickt zu werden. Ich habe keine Zweifel daran, dass Axel Salto von den Strickarbeiten seiner Mutter inspiriert wurde... das sind doch Waben-, Web- und Schattenstrickmuster. Ja, so ziemlich alle Stricktechniken sind vertreten.

Es ist möglich, dass Keramikexperten etwas ganz anderes sehen, aber das Fantastische an der Kunst ist doch, dass die Erfahrungen ganz persönlich sind. Das, was Du erlebst, kann nicht falsch sein.
Ich weiß nichts über Ton, Glasuren und Drehtechniken, aber ich kenne das Gefühl inspiriert zu werden – etwas zu sehen, das mich berührt und einfach gestrickt werden MUSS. Genau dieses Gefühl hatte ich sofort beim Betreten der Axel Salto Ausstellung.

Das CLAY Keramikmuseum in Middelfart war eine große Hilfe bei der Entstehung dieses Strickbuches. Ohne ihre Unterstützung wäre es nicht möglich gewesen.

Viel Freude beim Stricken!

Annette Danielsen

DANKE

Noch ein großes Dankeschön an die Frauen, die treu hinter mir stehen:
Anne Styrbech mit Sinn für Textilfotografie
Gitte Damgaard mit der Puderdose, Haarspray und Kleidung
Randi Schmidt mit dem Auge für das Ganze und die sichere Linie
Signe Strømgaard mit liebevollen roten Anmerkungen in den Anleitungen
Bodil Højberg, deren Stärke das geschriebene Wort ist
Meiner Mutter mit ihren geduldigen Stricknadeln.

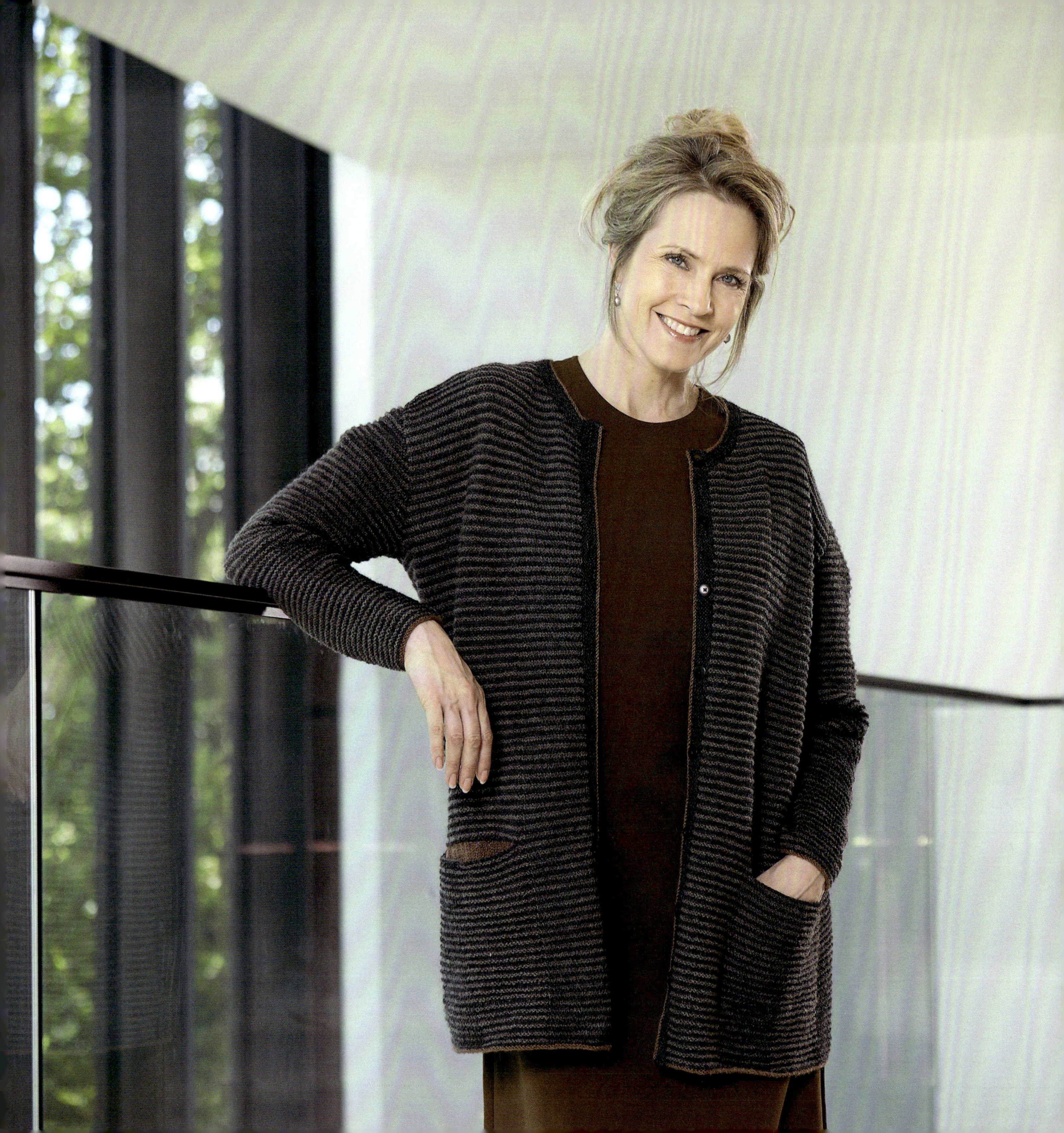

ASCHE

Gr.: S(M)L(XL)

Halbe Oberweite: 49(54)57(62) cm
Länge: 75(75)77(77) cm
Ärmellänge ab Armausschnitt: 42(40)38(36) cm

Material
A: 50g Isager Alpaca 2 Farbe 8s
B: 200(200)200(250)g Isager Highland Farbe Charcoal
C: 150(200)200(200)g Isager Tvinni Farbe 23s

8 Knöpfe

Rundnadeln 2½ und 3 mm

Maschenprobe glatt rechts mit Nd 3 mm: 10 cm = 27 M und 36 R
Maschenprobe im Muster mit Nd 3 mm: 10 cm = 27 M und 46 R

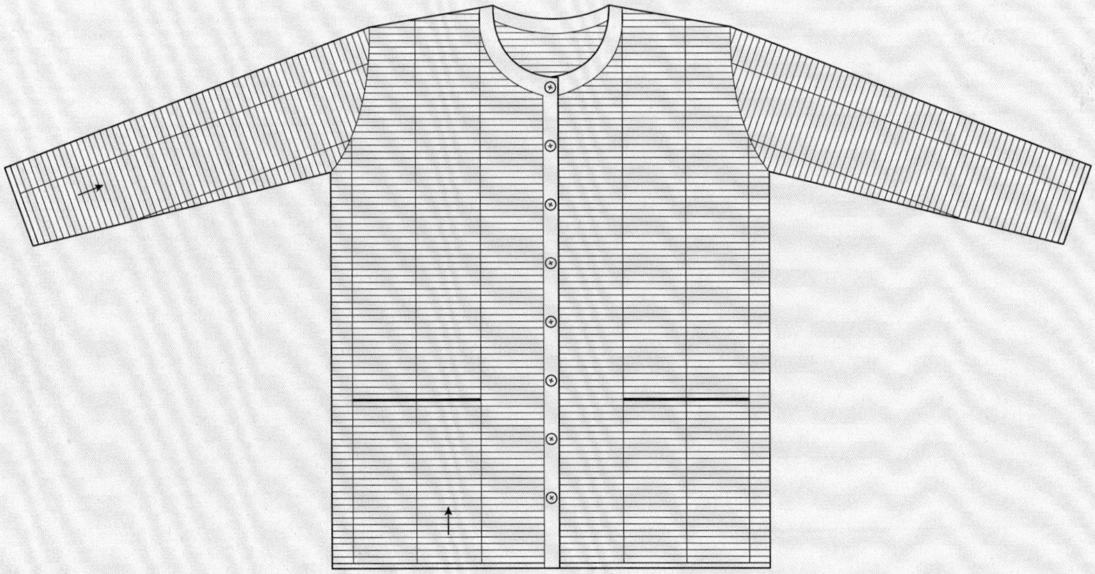

Axel Salto. Schale im geriffelten Stil. Ohne Jahresangabe
Steingut mit grüner Olivin-Glasur. Durchmesser 8,5 cm.
Königliche Porzellanmanufaktur
CLAY – Keramikmuseum Dänemark

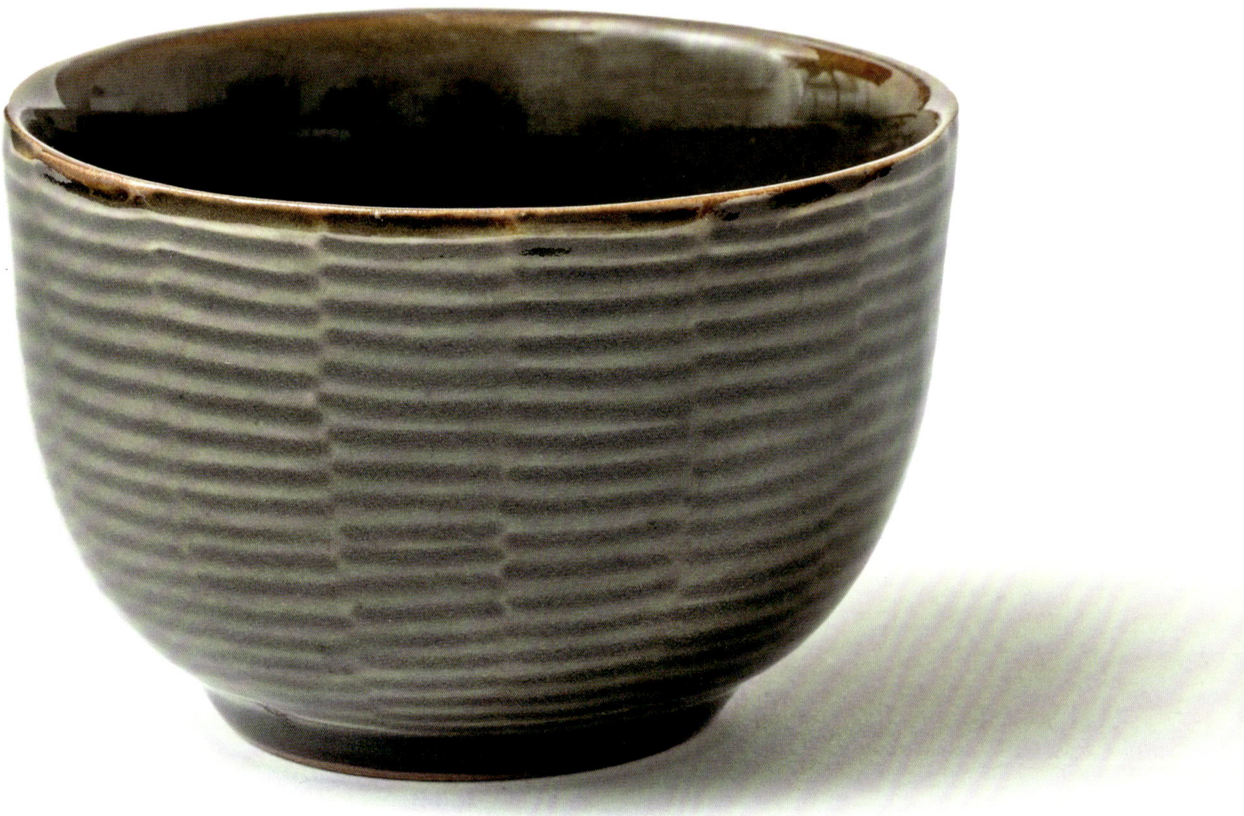

TASCHENBEUTEL

Die Tasche soll ca. 14½ cm breit sein.
40 M mit A und Nd 3 mm anschlagen.
Reihe 1 (RückR): 1 re – 38 li – 1 re.
Reihe 2: 40 re.
Die Reihen 1-2 wdh, bis die Tasche 17 cm misst.
Mit einer RückR enden.
A abschneiden. Mit B str.
Reihe 1 (HinR): 2 M abketten – 38 re str.
Reihe 2: 2 M abketten – 36 re str.

Den Faden abschneiden und die M stilllegen.
Den zweiten Taschenbeutel genauso str.

KÖRPER

268(296)310(338) M mit A und Nd 2½ mm anschlagen.
1 R re str.
A abschneiden.
2 R re mit B str.

Zu Nd 3 mm wechseln und im Muster str:
Mit C str.
Reihe 1 (HinR): 268(296)310(338) re.
Reihe 2: 1 re – *19(21)22(24) re – 19(21)22(24) li*.
Von * bis * wdh. Enden mit 1 re.

Mit B str.
Reihe 3: 268(296)310(338) re.
Reihe 4: 1 re – *19(21)22(24) li – 19(21)22(24) re*.
Von * bis * wdh. Enden mit 1 re.
Reihe 1-4 wdh, bis die Arbeit 22 cm misst.
Reihe 1-3 str.

Die Taschenöffnung mit B str (RückR):
21(25)27(31) M im Muster str – die nächsten 36 M abketten – 154(174)184(204) M im Muster str (die 1. M ist bereits auf der Nd) – die nächsten 36 M abketten – 21(25)27(31) M im Muster str (die 1. M ist bereits auf der Nd).

Die Taschenbeutel mit C einstricken (HinR):
21(25)27(31) re – 36 re über den ersten Taschenbeutel str – 154(174)184(204) re – 36 re über den zweiten Taschenbeutel str – 21(25)27(31) re.
Im Muster weiter str, bis die Arbeit 53(52)52(51) cm misst.
Mit einer HinR enden.

Für die Armausschnitte abketten (RückR):
65(72)75(81) M im Muster str – 5(5)6(8) M für den Armausschnitt abketten – 128(142)148(160) M im Muster str (die 1. M ist bereits auf der Nd) – 5(5)6(8) M abketten – 65(72)75(81) M im Muster str (die 1. M ist bereits auf der Nd).

Jedes Teil für sich fertig str.

RECHTES VORDERTEIL

Im Muster weiter str und dabei am Anfang der nächsten 7(8)8(8) RückR 1 M abketten = 58(64)67(73) M.
30(30)34(34) R str.
Der Armausschnitt misst nun 10(10)11(11) cm.
Mit einer RückR enden.
Für den Halsausschnitt am Anfang der HinR abketten:
5(6)6(7)-mal 2 M abketten = 48(52)55(59) M.
Hier am Halsausschnitt eine Markierung setzen.
10(10)11(11)-mal 1 M abketten = 38(42)44(48) M.

6(8)6(8) R str.
Mit einer HinR enden.
Der Armausschnitt misst nun 17(18)19(20) cm.

Für die Schulter am Anfang der RückR abketten:
4(0)0(0)-mal 6 M abketten.
2(6)4(0)-mal 7 M abketten.
0(0)2(6)-mal 8 M abketten.
Die Fäden abschneiden.

LINKES VORDERTEIL

In einer HinR mit dem Abketten für den Armausschnitt beg.
Am Anfang der nächsten 7(8)8(8) HinR 1 M abketten = 58(64)67(73) M.
30(30)34(34) R str.
Mit einer HinR enden.
Für den Halsausschnitt nun in den RückR wie am rechten Vorderteil abketten.

4(6)4(6) R str.
Mit einer RückR enden.
Der Armausschnitt misst nun 17(18)19(20) cm.
Für die Schulter nun am Anfang der HinR auf die gleiche Weise wie am rechten Vorderteil abketten.
Die Fäden beim Farbwechsel abschneiden.

RÜCKEN

Für die Armausschnitte beidseitig 7(8)8(8)-mal 1 M abketten = 114(126)132(144) M.

64(68)72(76) R str.
Der Armausschnitt misst nun 17(18)19(20) cm.
Mit einer RückR enden.

RECHTE SCHULTER

Im Muster weiter str.
Reihe 1: An der Schulter 6(7)7(8) M abketten – 46(49)51(54) M str (die 1. M ist bereits auf der Nd). Wenden.
Reihe 2: Am Nacken 6 M abketten – 40(43)45(48) M str (die 1. M ist bereits auf der Nd).
Reihe 3: An der Schulter 6(7)7(8) M abketten – 34(36)38(40) M str (die 1. M ist bereits auf der Nd).
Reihe 4: Am Nacken 4 M abketten – 30(32)34(36) M str (die 1. M ist bereits auf der Nd).

Reihe 5: An der Schulter 6(7)7(8) M abketten – 24(25)27(28) M str (die 1. M ist bereits auf der Nd).
Reihe 6: Am Nacken 2 M abketten – 22(23)25(26) M str (die 1. M ist bereits auf der Nd).
Reihe 7: An der Schulter

6(7)7(8) M abketten –
16(16)18(18) M str (die 1. M ist bereits auf der Nd).
Reihe 8: Am Nacken 1 M abketten – 15(15)17(17) M str (die 1. M ist bereits auf der Nd).
Reihe 9: An der Schulter 7(7)8(8) M abketten – 8(8)9(9) M str (die 1. M ist bereits auf der Nd).
Reihe 10: Am Nacken 1 M abketten – 7(7)8(8) M str (die 1. M ist bereits auf der Nd).
Reihe 11: An der Schulter 7(7)8(8) M abketten.
Den Faden abschneiden.

Die mittleren 10(14)16(20) NackenM stilllegen.

LINKE SCHULTER

Im Muster weiter str.
Mit einer HinR nach den stillgelegten M beg.
Wie an der rechten Schulter str.
Mit Reihe 1 in einer RückR beg.

ÄRMEL

51(53)58(58) M mit A und Nd 2½ mm anschlagen.
1 R re str.
A abschneiden.
2 R re mit B str.

Zu Nd 3 mm wechseln und im Muster str:
Mit C str.
Reihe 1 (HinR): 51(53)58(58) re.
Reihe 2: 1 re – 15(15)17(16) li – 19(21)22(24) re – 15(15)17(16) li – 1 re.
Mit B str.
Reihe 3: 51(53)58(58) re.
Reihe 4: 16(16)18(17) re – 19(21)22(24) li – 16(16)18(17) re.

Reihe 1-4 wdh, bis 20(20)12(12) R im Muster gestr sind.

Zun str (HinR): 1 re – 1 neue re (s. Abk.) – im Muster str und enden, wenn noch 1 M auf der Nd ist – 1 neue re – 1 re.

Die Zun in jeder 10.(8.)8.(6.) R wdh, bis 61(67)70(76) M auf der Nd sind. Die neuen M in das Muster einfügen.
Die erste M in allen R re str.
Mit der nächsten neuen M beg ein neuer Streifen, sie wird deshalb wie die mittleren 19(21)22(24) M gestr.
Die vorletzte M am Reihenende bildet ebenfalls einen neuen Streifen. Die letzte M in allen R re str.

Die Zun wdh, bis 5(91)98(104) M auf der Nd sind.
Weiter str, bis der Ärmel ca. 42(40)38(36) cm misst.

Für die Armkugel am Anfang jeder R abketten:
Beidseitig 1-mal 3 M abketten = 79(85)92(98) M.
Beidseitig 2(2)3(3)-mal 2 M abketten = 71(77)80(86) M.
Beidseitig 15(18)19(21)-mal 2 M zus str = 41(41)42(44) M.
Beidseitig 5-mal 2 M abketten = 21(21)22(24) M.
Beidseitig 2-mal 3 M abketten = 9(9)10(12) M.
Die letzten M abketten.

Den zweiten Ärmel genauso str.

HALSRAND

Die Schulternähte schließen.
Mit B und Nd 2½ mm neue M aus dem Halsausschnitt str.
Am rechten Vorderteil beg:
10(12)12(14) M aus dem Vorderteil bis zur Markierung str.
28(29)30(31) M bis zur Schulternaht herausstr.
15 M bis zu den stillgelegten M herausstr.
Die mittleren 10(14)16(20) M re str.
15 M bis zur Schulternaht herausstr.
28(29)30(31) M bis zur Markierung herausstr.
10(12)12(14) M aus dem letzten Stück str = 116(126)130(140) M.

3 R re str.
In der nächsten R am Anfang und Ende 2 re zus str.
3 R re str.
Wieder Abn str.
3 R re str.

Zu A wechseln.
1 R re str.
Alle M abketten.

LINKER VORDERRAND

Von außen mit B und Nd 2½ mm neue M aus dem linken Vorderteil str:
8 M aus dem Halsrand str.
Am linken Vorderteil je 5 M aus 4 Streifen str.
11 R re str.

Zu A wechseln.
1 R re str.
Alle M abketten.

RECHTER VORDERRAND

Von außen mit B und Nd 2½ mm die selbe Maschenanzahl aus dem rechten Vorderteil str.
Am unteren Jackenrand beg.

6 R re str.
In der nächsten RückR Knopflöcher str: 2 re – *2 re zus – 2 neue M anschlagen – 2 re verschr zus – 18 re*.
Von * bis * wdh, bis 7 Knopflöcher gestr sind - 2 re zus – 2 neue M anschlagen – 2 re verschr zus – die R re zu Ende str.
4 R re str.

Zu A wechseln.
1 R re str.
Alle M abketten.

FERTIGSTELLIUNG

Die Ärmelnähte von der Außenseite mit dem Matratzenstich schließen.
Die Ärmel mit Nadeln in die Armausschnitte heften und von außen einnähen.
Die Taschenbeutel an die Innenseite der Jacke nähen.
Alle Fäden vernähen und die Knöpfe annähen.

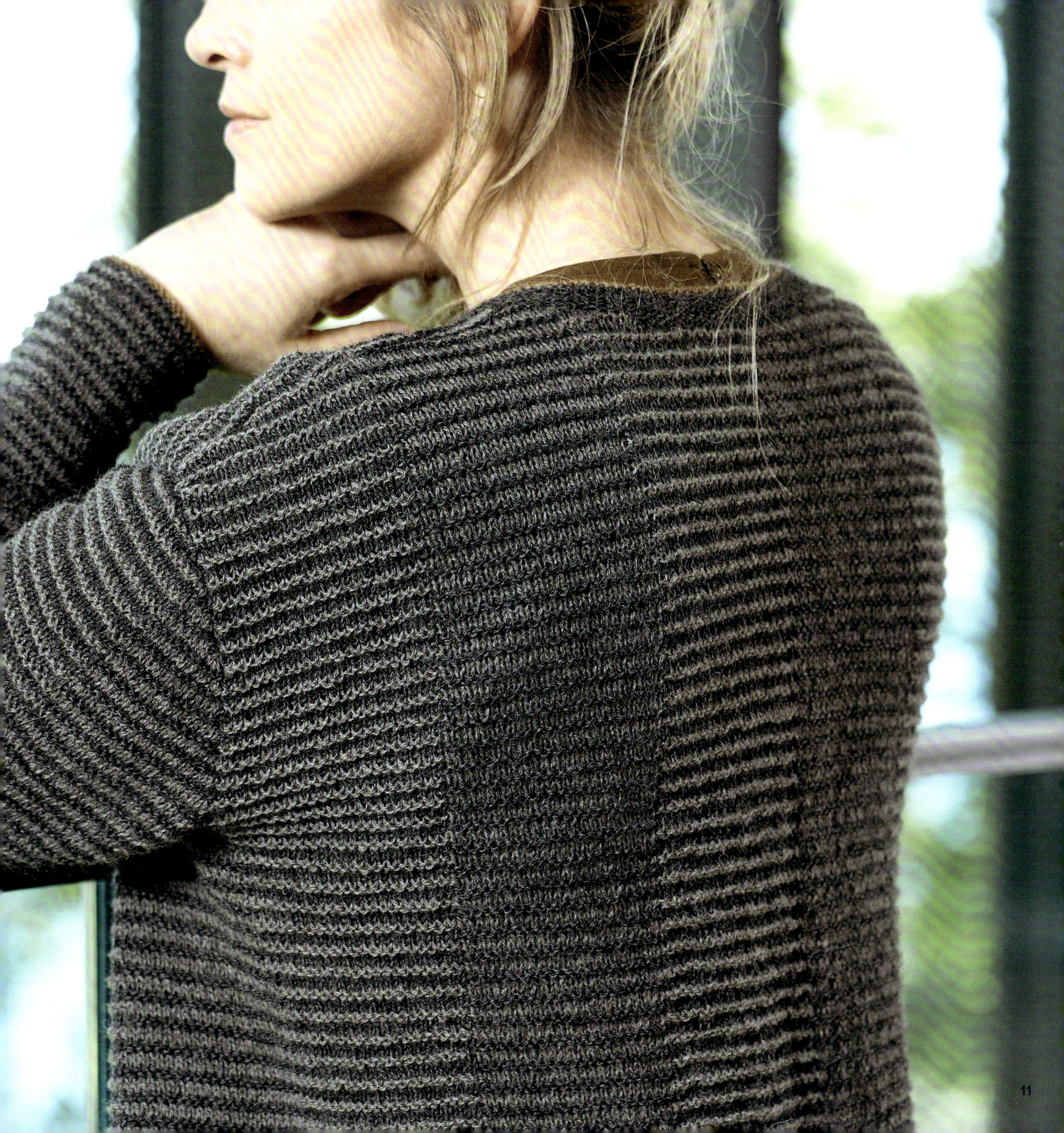

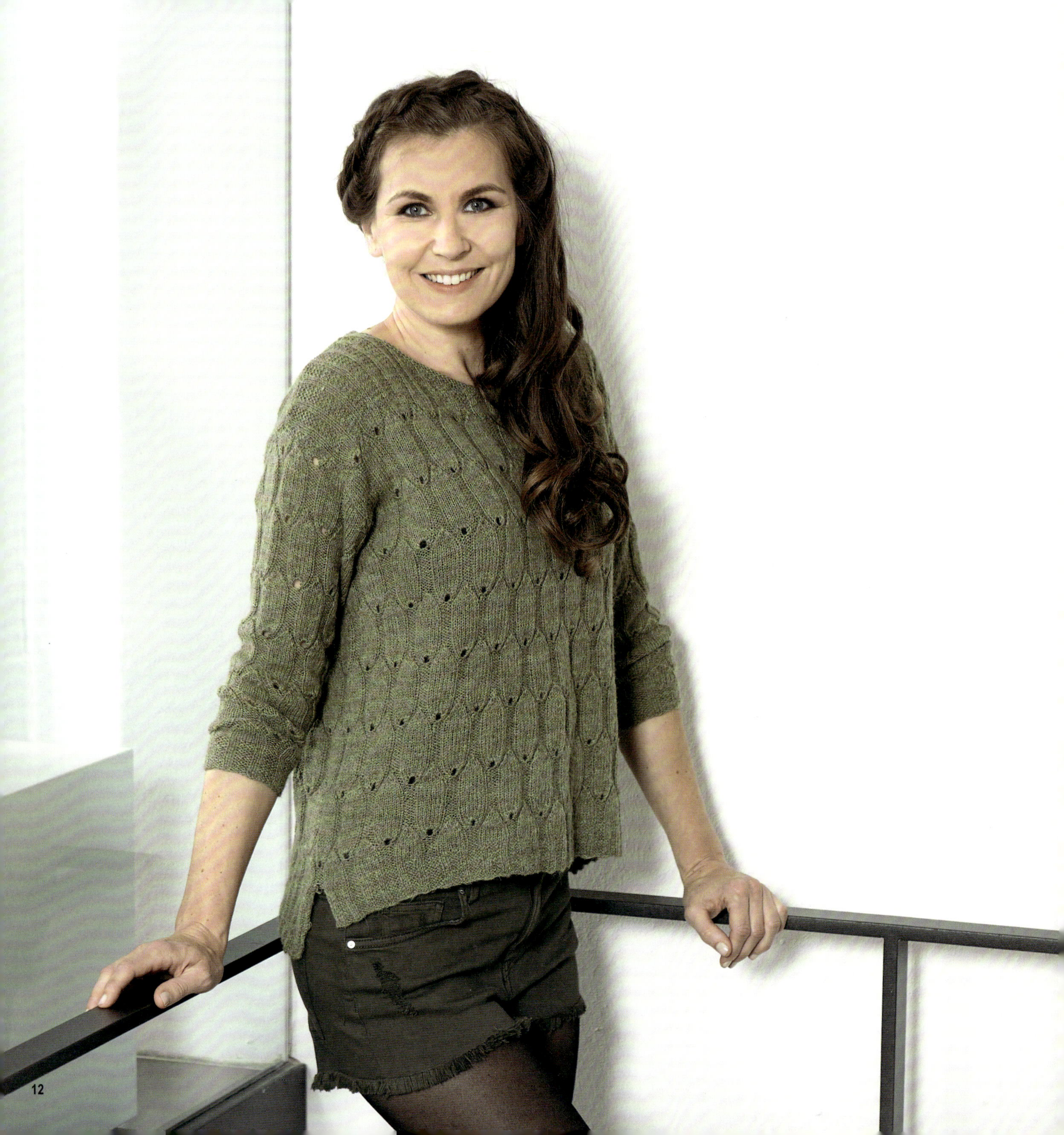

BLÄTTER

Gr.: S(M)L(XL)

Halbe Oberweite: 50(54)58(62) cm
Rückenlänge: 66(66)68(68) cm
Ärmellänge ab Armausschnitt: 42 cm

Material

250(300)300(300)g Isager Alpaca 2 Farbe Thyme

Rundnadel und Nadelspiel 2½ und 3 mm

Maschenprobe glatt rechts mit Nd 3 mm: 10 cm = 28 M und 36 R

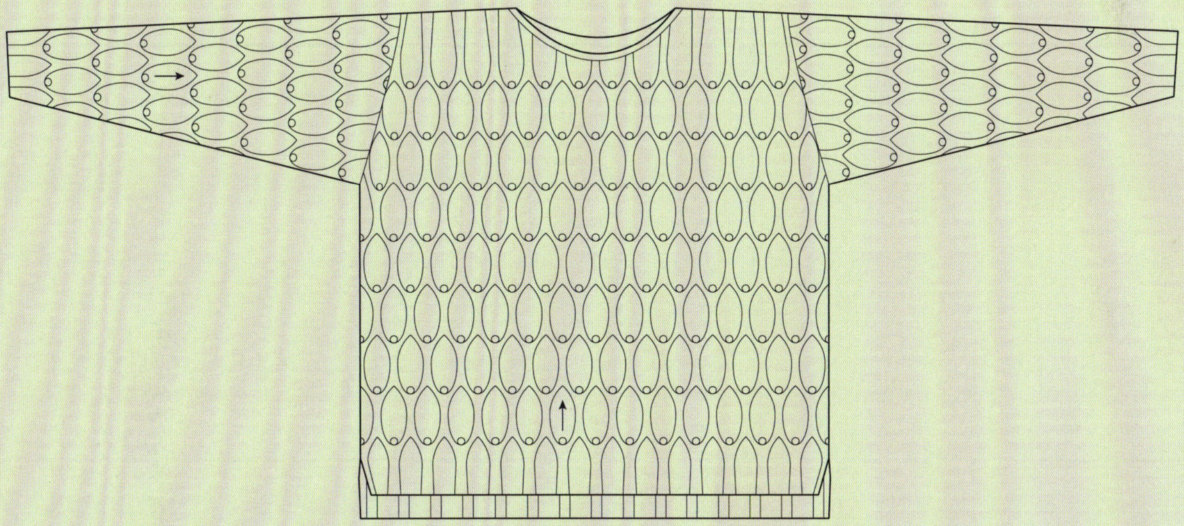

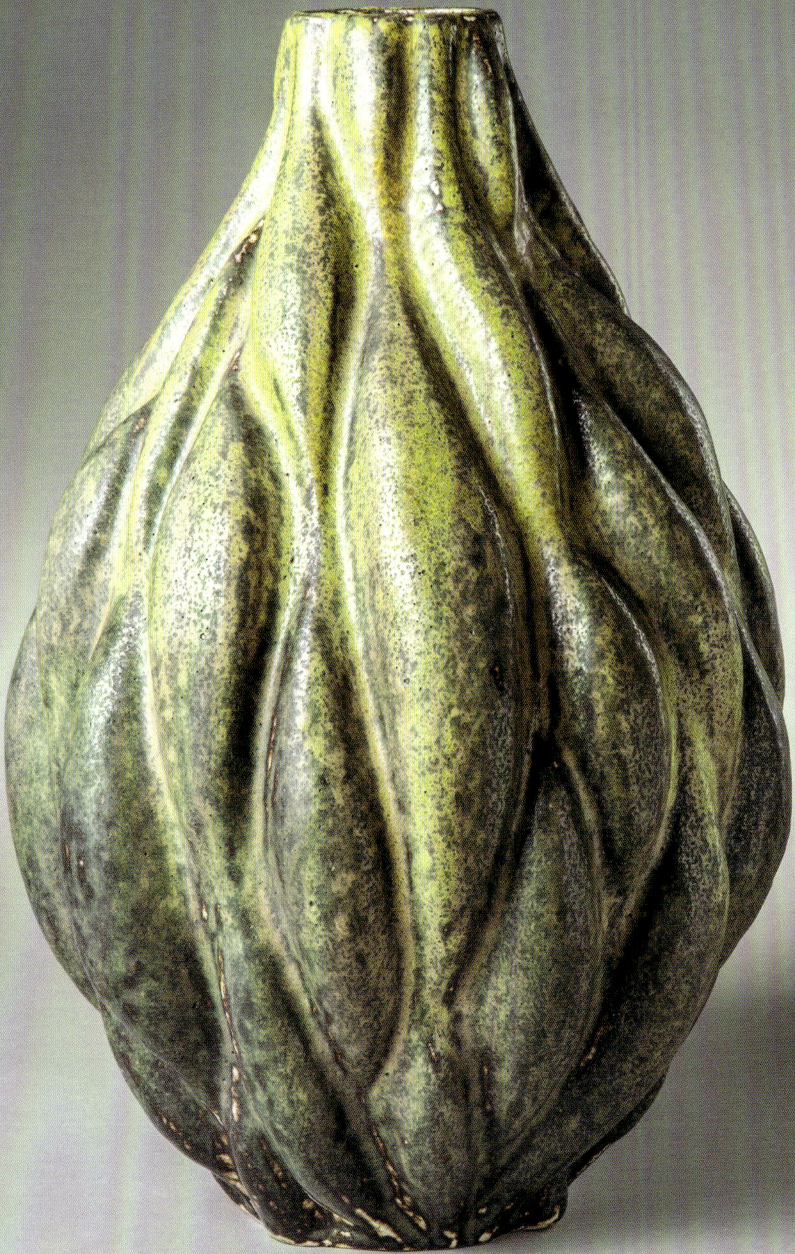

Axel Salto. Vase. 1946
Steingut mit Solfatara-Glasur. Höhe 38 cm.
Königliche Porzellanmanufaktur
CLAY – Keramikmuseum Dänemark

BESONDERE ABKÜRZUNGEN

5 neue M: Aus dem Querfaden vor der nächsten M folgendermaßen 5 neue M str: 1 re - U – 1 re – U – 1 re.

3 re zus: 2 M gleichzeitig wie zum rechts str abheben, 1 re str, die beiden ersten M über die gestr M heben.

RÜCKEN

145(156)167(178) M mit Nd 2½ mm anschlagen.
In Reihen hin und her str.
Reihe 1 (RückR): Die ersten 2 M li abh mit dem Faden **vor** den M = 2abhFv – *1 re – 2 li – 3 re – 2 li – 3 re*. Von * bis * wdh.
Reihe 2: 2abhFv – 143(154)165(176) re.

Reihe 1-2 wdh, bis insgesamt 41 R gestr sind.
Die Arbeit misst ca. 8 cm.
Den Faden abschneiden.
Die M stilllegen.

VORDERTEIL

Wie den Rücken str, bis insgesamt 21 R gestr sind und die Arbeit ca. 4 cm misst.

KÖRPER

Zu Nd 3 mm wechseln.
Vorderteil und Rücken folgendermaßen zus str:
Das Vorderteil str: 1abhFh – 2 li zus – *7 re – 4 li*.
Von * bis * wdh. Enden mit 7 re – 2 li zus – 1 re.
Weiter über den Rücken str: 1abhFh – 2 li zus – *7 re – 4 li*.
Von * bis * wdh. Enden mit 7 re – 2 li zus.
Die letzte M nicht str – sie gehört bereits zu der nächsten Rd und ist die 1. der 3 linken M am Anfang der 1. MusterRd. Es sind insgesamt 286(308)330(352) M.

MUSTER
Rd 1-6: *3 li – 7 re – 1 li*.
Von * bis * wdh.

Rd 7: *1 neue li (s. Abk.) – 2 re – 1 neue li – 1 li – 7 re – 1 li*.
Von * bis * wdh.
Rd 8: *1 li – 1 re – 5 neue M – 1 re – 2 li – 2 re zus – 3 re – 2 re verschr zus – 1 li*.
Von * bis * wdh.
Rd 9: *1 li – 7 re – 2 li – 5 re – 1 li*. Von * bis * wdh.
Rd 10: *1 li – 7 re – 2 li – 2 re zus – 1 re – 2 re verschr zus – 1 li*. Von * bis * wdh.
Rd 11: *1 li – 7 re – 2 li – 3 re – 1 li*. Von * bis * wdh.
Rd 12: *1 li – 7 re – 2 li – 3 re zus – 1 li*. Von * bis * wdh.
Rd 13: *1 li – 7 re – 2 li – 2 li zus*. Von * bis * wdh.

Rd 14-28: *1 li – 7 re – 3 li*. Von * bis * wdh.

Rd 29: *1 li – 7 re – 1 li – 1 neue li – 2 re – 1 neue li*.
Von * bis * wdh.
Rd 30: *1 li – 2 re zus – 3 re – 2 re verschr – 2 li – 1 re – 5 neue M – 1 re – 1 li*. Von * bis * wdh.
Rd 31: *1 li – 5 re – 2 li – 7 re – 1 li*. Von * bis * wdh.
Rd 32: *1 li – 2 re zus – 1 re – 2 re verschr zus – 2 li – 7 re – 1 li*. Von * bis * wdh.
Rd 33: *1 li – 3 re – 2 li – 7 re – 1 li*. Von * bis * wdh.
Rd 34: *1 li – 3 re zus – 2 li – 7 re – 1 li*. Von * bis * wdh.
Rd 35: *1 li – 2 li zus – 1 li – 7 re – 1 li*. Von * bis * wdh.

Rd 36-44: *3 li – 7 re – 1 li*. Von * bis * wdh.

Wieder Rd 1-44 str.
Danach Rd 1-31 str.
Das Vorderteil misst ca. 37 cm.

Für den Armausschnitt abketten:
Rd 32: 1 li str – 5 M abketten – 1 li, diese M ist bereits auf der Nd – *1 li – 7 re – 2 li – 2 re zus – 1 re – 2 re verschr zus – 1 li*.
Von * bis * insgesamt 12(13)14(15)-mal str.
1 li – 7 re – 1 li str.
Über den Rücken das Gleiche noch einmal str. Enden mit 1 re.

Jedes Teil für sich fertig str.

RÜCKEN

In Reihen hin und her str.
Reihe 1 (RückR): 2 re – *7 li – 2 re – 3 li – 2 re*.
Von * bis * wdh.
Enden mit 7 li – 2 re.
Reihe 2: 1 re – 1 li – *7 re – 2 li – 3 re zus – 2 li*.
Von * bis * wdh.
Enden mit 7 re – 1 li – 1 re.
Reihe 3: 2 re – *7 li – 1 re – 2 re zus – 2 re*.
Von * bis * wdh.
Enden mit 7 li – 2 re = 143(154)165(176) M.
Reihe 4: 1 re – 1 li – *7 re – 4 li*.
Von * bis * wdh.
Enden mit 7 re – 1 li – 1 re.
Reihe 5: 2 re – *7 li – 4 re*.
Von * bis * wdh.
Enden mit 7 li – 2 re.

Reihe 6-18: Wie Reihe 4-5 str.

Reihe 19 (RückR): 2 re – *7 li – 1 re – 1 neue re (s. Abk.) – 2 li – 1 re – 1 neue re – 1 re*.
Von * bis * wdh.
Enden mit 7 li – 2 re.
Reihe 20: 1 re – 1 li – *2 re zus – 3 re – 2 re verschr zus – 2 li – 1 re – 5 neue M – 1 re – 2 li*.
Von * bis * wdh.
Enden mit 2 re zus – 3 re – 2 re verschr zus – 1 li – 1 re.
Reihe 21: 2 re – *5 li – 2 re – 7 li – 2 re*.
Von * bis * wdh.
Enden mit 5 li – 2 re.
Reihe 22: 1 re – 1 li – *2 re zus – 1 re – 2 re verschr zus – 2 li – 7 re – 2 li*.
Von * bis * wdh. Enden mit 2 re zus – 1 re – 2 re verschr zus – 1 li – 1 re.

Reihe 23: 2 re – *3 li – 2 re – 7 li – 2 re*.
Von * bis * wdh.
Enden mit 3 li – 2 re.
Reihe 24: 1 re – 1 li – *3 re zus – 2 li – 7 re – 2 li*.
Von * bis * wdh. Enden mit 3 re zus – 1 li – 1 re.
Reihe 25: 2 re zus – 3 re zus – *7 li – 1 re – 2 re zus – 2 re*.
Von * bis * wdh. Enden mit 7 li – 3 re zus – 2 re zus = 132(143)154(165) M.

Reihe 26-40: Wie Reihe 4-5 str.

Wieder die Reihen 19-25 str = 121(132)143(154) M.

Reihe 26-28: Wie Reihe 4-5 str. Der Armausschnitt misst ca. 14 cm.

Im Rippenmuster weiter str:
Reihe 1 (HinR): 121(132)143(154) re.
Reihe 2: 2 re – *2 li – 3 re – 2 li – 4 re*.
Von * bis * wdh. Enden mit 2 li – 3 re – 2 li – 2 re.

Reihe 1-2 wdh, bis insgesamt 32(32)42(42) R gestr sind.

Im Muster weiter str und dabei am Nacken und der rechten Schulter abketten:
Reihe 1 (HinR): 12(13)14(15) M abketten – 39(41)43(45) M str (die 1. M ist bereits auf der Nd). Wenden.
Reihe 2: 5 M abketten – 34(36)38(40) M str (die 1. M ist bereits auf der Nd).
Reihe 3: 12(13)14(15) M abketten – 22(23)24(25) M str (die 1. M ist bereits auf der Nd). Wenden.

Reihe 4: 5 M abketten – 17(18)19(20) M str (die 1. M ist bereits auf der Nd).
Reihe 5: 12(13)14(15) M abketten – 5 M str (die 1. M ist bereits auf der Nd). Wenden.
Reihe 6: Die letzten 5 M abketten.

Die mittleren 19(24)29(34) RückenM stilllegen.

Die linke Schulter str:
Reihe 1 (HinR): 5 M abketten – 46(49)52(55) M str (die 1. M ist bereits auf der Nd).
Reihe 2: 12(13)14(15) M abketten – 34(36)38(40) M str (die 1. M ist bereits auf der Nd).
Reihe 3: 5 M abketten – 29(31)33(35) M str (die 1. M ist bereits auf der Nd).

Reihe 4: 12(13)14(15) M abketten – 17(18)19(20) M str (die 1. M ist bereits auf der Nd).
Reihe 5: 5 M abketten – 12(13)14(15) M str (die 1. M ist bereits auf der Nd).
Reihe 6: Die letzten 12(13)14(15) M abketten.

VORDERTEIL

Wie den Rücken str, bis 6 R Rippenmuster gestr sind.

Im Muster weiter str und dabei für den Halsausschnitt abketten:
In der nächsten HinR 57(62)67(72) M str. Wenden.
Am Anfang der nächsten RückR abketten:
2(3)2(3)-mal 3 M abketten = 51(53)61(63) M.
5-mal 2 M abketten = 41(43)51(53) M.
5(4)9(8)-mal 1 M abketten = 36(39)42(45) M.

2(2)4(4) R im Muster über die restlichen 36(39)42(45) M str.

Für die Schulterschräge am Anfang der HinR 3-mal 12(13)14(15) M abketten.

Die mittleren 7(8)9(10) VorderteilM stilllegen.

Am rechten Vorderteil für den Halsausschnitt am Anfang der nächsten HinR abketten:
2(3)2(3)-mal 3 M abketten = 51(53)61(63) M.
5-mal 2 M abketten = 41(43)51(53) M.
5(4)9(8)-mal 1 M abketten = 36(39)42(45) M.

2(2)4(4) R im Muster über die restlichen 36(39)42(45) M str.

Für die Schulterschräge am Anfang der nächsten RückR 3-mal 12(13)14(15) M abketten.

ÄRMEL

46(46)57(57) M mit Nd 2½ mm anschlagen.
In Reihen hin und her str.
Reihe 1 (RückR): 3 re – *2 li – 3 re – 2 li – 4 re*.
Von * bis * wdh. Enden mit 2 li – 3 re – 2 li – 3 re.
Reihe 2: 46(46)57(57) re.
Reihe1-2 wdh, bis insgesamt 21 R gestr sind.
Die Arbeit misst ca. 4 cm.

Zum Nadelspiel 3 mm wechseln.
Zur Runde schließen (HinR):
3 li – *7 re – 4 li*.
Von * bis * wdh.
Enden mit 7 re – 3 li.

MUSTER
Rd 1 mit Zun: 1 li – 1 neue li – 2 li – *7 re – 4 li*. Von * bis * wdh. Enden mit 7 re – 2 li – 1 neue li – 1 li.

Rd 2-6: 4 li – *7 re – 4 li*.
Von * bis * wdh.

Rd 7: *1 li – 1 neue li – 2 re – 1 neue re – 1 li – 7 re*.
Von * bis * wdh.
Enden mit 1 li – 1 neue li – 2 re – 1 neue li – 1 li.
Rd 8: *2 li – 1 re – 5 neue M – 1 re – 2 li – 2 re zus – 3 re – 2 re verschr zus*. Von * bis * wdh.
Enden mit 2 li –1 re – 5 neue M – 1 re – 2 li.
Rd 9: *2 li – 7 re – 2 li – 5 re*.
Von * bis * wdh.
Enden mit 2 li – 7 re – 2 li.
Rd 10: *2 li – 7 re – 2 li – 2 re zus – 1 re – 2 re verschr zus*.
Von * bis * wdh.
Enden mit 2 li – 7 re – 2 li.
Rd 11: *2 li – 7 re – 2 li – 3 re*.
Von * bis * wdh.
Enden mit 2 li – 7 re – 2 li.
Rd 12: *2 li – 7 re – 2 li – 3 re zus*.
Von * bis * wdh.
Enden mit 2 li – 7 re – 2 li.
Rd 13: 2 li – *7 re – 2 li – 2 li zus – 1 li*.

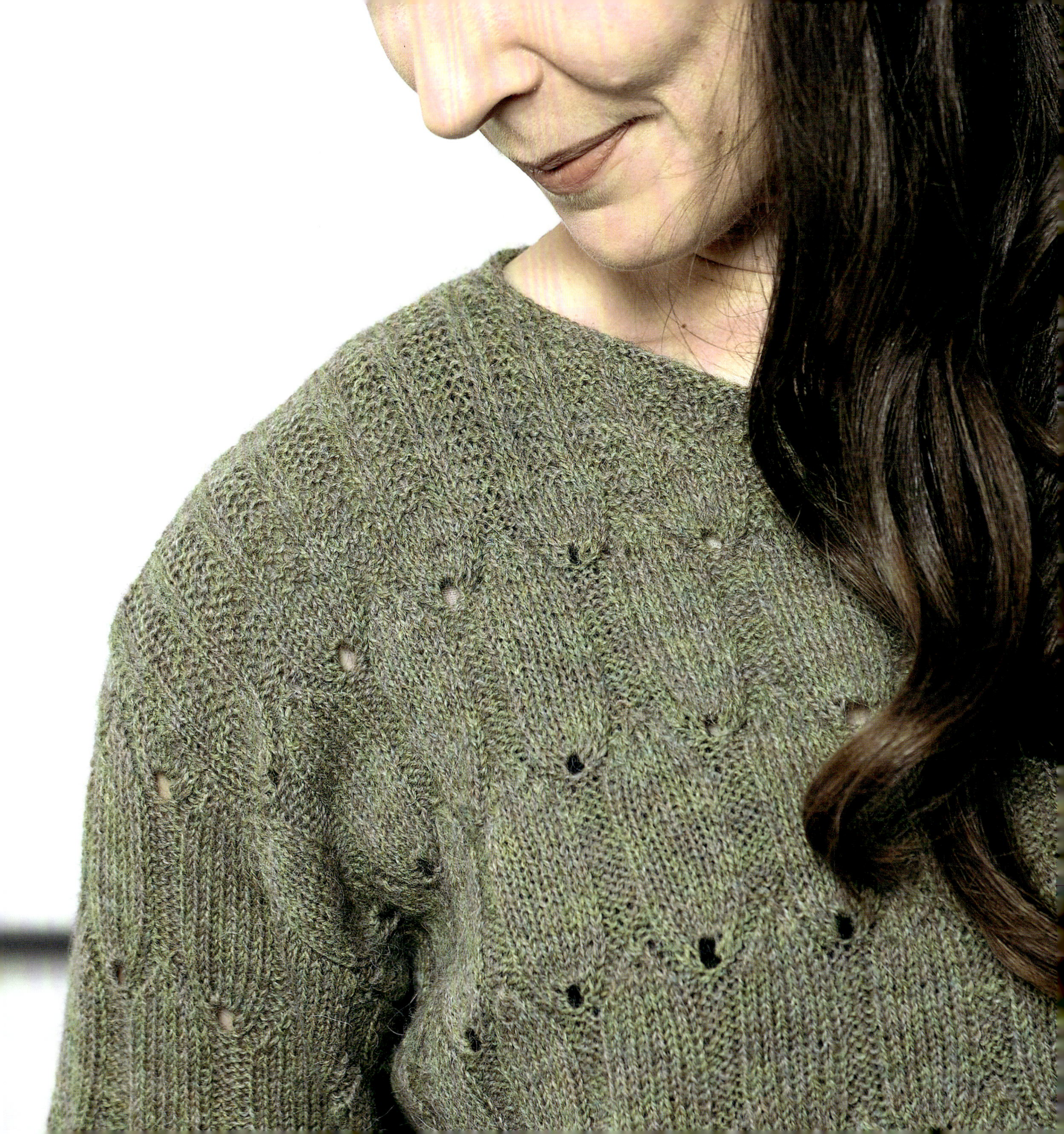

Von * bis * wdh.
Enden mit 7 re – 2 li.

Rd 14-17: 2 li – *7 re – 4 li*.
Von * bis * wdh.
Enden mit 7 re – 2 li.

Rd 18 mit Zun: 1 li – 1 neue li – 1 li – *7 re – 4 li*. Von * bis * wdh. Enden mit 7 re – 1 li – 1 neue li – 1 li.

Rd 19-22: 3 li – *7 re – 4 li*.
Von * bis * wdh.
Enden mit 7 re – 3 li.

Es sind nun 57(57)68(68) M auf der Nd.

Rd 1-22 insgesamt 5-mal str = 101(101)112(112) M.

Rd 1-13 str = 110(110)121(121) M.
Der Ärmel misst ca. 40 cm.

Die ersten 4 M abketten – 106(106)117(117) M im Muster str. Wenden.
In der RückR die ersten 4 M abketten – 102(102)113(113) M im Muster str.
Das Muster in R hin und her str.
Am Anfang jeder R 4 M abketten, bis an jeder Seite insgesamt 28 M abgekettet sind = 54(54)65(65) M.

Reihe 1 (HinR): 5 M abketten – 1 li, diese M ist bereits auf der Nd – *1 li – 7 re – 3 li*. Von * bis * insgesamt 4(4)5(5)-mal str.
Enden mit 1 li – 3 re.
Reihe 2: 5 M abketten – 1 re, diese M ist bereits auf der Nd – *1 re – 7 li – 1 re – 1 neue re – 2 li – 1 neue re*.
Von * bis * insgesamt 3(3)4(4)-mal str.
Enden mit 1 re – 7 li – 2 re.

Reihe 3: 5 M abketten – 1 re, diese M ist bereits auf der Nd – 1 re – *2 re verschr zus – 2 li – 1 re – 5 neue M – 1 re – 2 li – 2 re zus – 3 re*. Von * bis * insgesamt 3(3)4(4)-mal str.
Enden mit 2 re – 2 li.
Reihe 4: 5 M abketten – 1 li, diese M ist bereits auf der Nd – *2 li – 2 re – 7 li – 2 re – 3 li*.
Von * bis * insgesamt 3(3)4(4)-mal str.

Reihe 5: 5 M abketten – 1 re, diese M ist bereits auf der Nd – 6 re – *2 li – 2 re zus – 1 re – 2 re verschr zus – 2 li – 7 re*.
Von * bis * insgesamt 2(2)3(3)-mal str.
Enden mit 2 li – 3 re.
Reihe 6: 5 M abketten – 1 li, diese M ist bereits auf der Nd – 6 li – *2 re – 3 li – 2 re – 7 li*.
Von * bis * insgesamt 2(2)3(3)-mal str.

Reihe 7: 5 M abketten – 1 re, diese M ist bereits auf der Nd – 1 re – *2 li – 3 re zus – 2 li – 7 re*.
Von * bis * insgesamt 2(2)3(3)-mal str.
Reihe 8: 5 M abketten – 1 li, diese M ist bereits auf der Nd – 1 li – *1 re – 2 re zus – 2 re – 7 li*.
Von * bis * insgesamt 1(1)2(2)-mal str.
Enden mit 1 re – 2 re zus – 2 re – 2 li.

Gr. L(XL):
Reihe 9: 5 M abketten – 1 li, diese M ist bereits auf der Nd – *7 re – 4 li*.
Von * bis * insgesamt 2-mal str.
Enden mit 2 re.
Reihe 10: 5 M abketten – 1 re, diese M ist bereits auf der Nd – 7 li – 4 re – 7 li – 1 re.

Alle Gr.:
Die letzten 19(19)20(20) M im Muster abketten.

Den 2. Ärmel genauso str.

FERTIGSTELLUNG

Die Schultern von der Außenseite schließen.
Die Ärmel mit Nadeln in den Armausschnitt heften und von der Außenseite einnähen.
Die Ärmelränder schließen.
Alle Fäden vernähen.

HALSRAND

Mit Nd 2½ mm neue M aus dem Halsausschnitt str:
Die mittleren M am Rücken und Vorderteil wieder auf eine Nd setzen.
An der rechten Schulternaht beg und 15 M bis zu den mittleren NackenM herausstr – die 19(24)29(34) NackenM re str – 15 M bis zur Schulternaht herausstr – 30(33)35(38) M bis zu den mittleren VorderteilM herausstr – die 7(8)9(10) VorderteilM re str – 30(33)35(38) M bis zur Schulternaht herausstr.
Insgesamt sind es 116(128)138(150) M.

3 R re hin und her str.
Alle M locker abketten.

Alle Fäden vernähen und den Halsrand schließen.

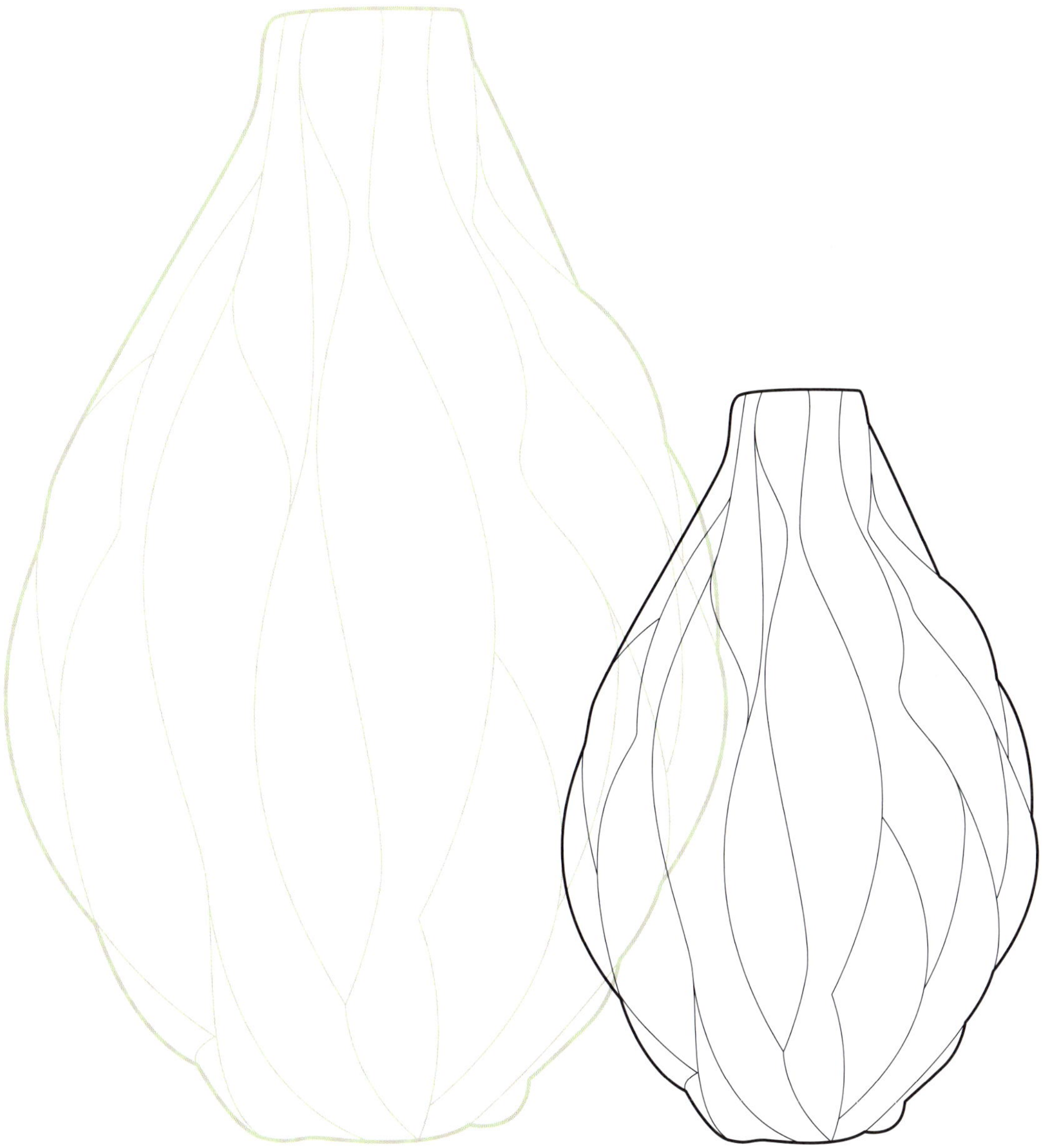

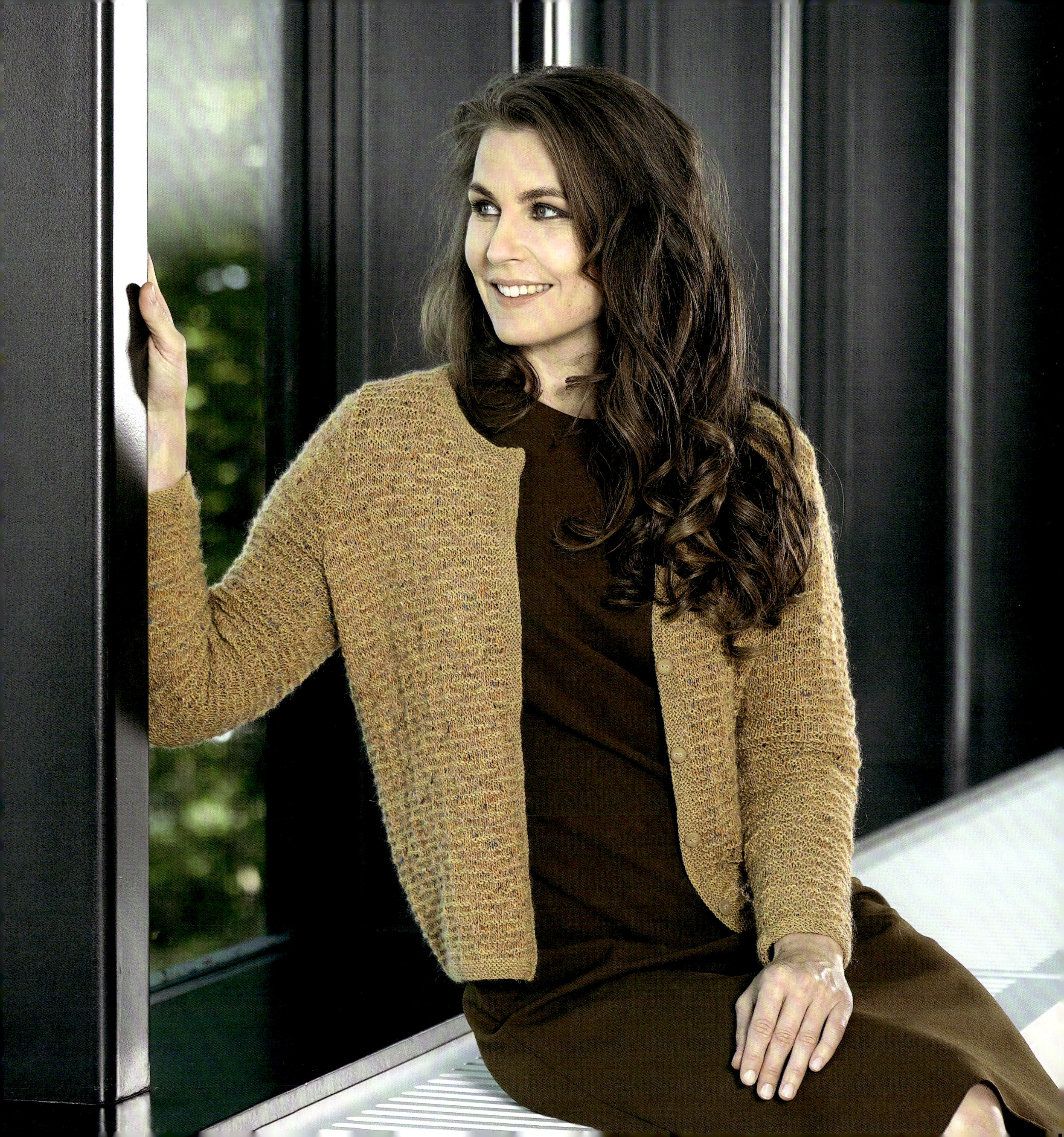

MAIS

Gr.: S(M)L(XL)

Halbe Oberweite: 45(50)55(59) cm
Länge: 55(56)57(58) cm
Ärmellänge ab Armausschnitt: 43(42)41(40) cm

Material

A: 150(150)150(200)g Isager Alpaca 2 Farbe 59
B: 150(150)200(200)g Isager Tweed Farbe Mustard

7 Knöpfe

Rundnadel 3 + 3½ mm und Nadelspiel 3½ mm

Maschenprobe glatt gestrickt mit B und Nd 3½ mm: 10 cm = 22 M und 28 R
Maschenprobe im Muster mit A und B und Nd 3½ mm: 10 cm = 22 M und 44 R

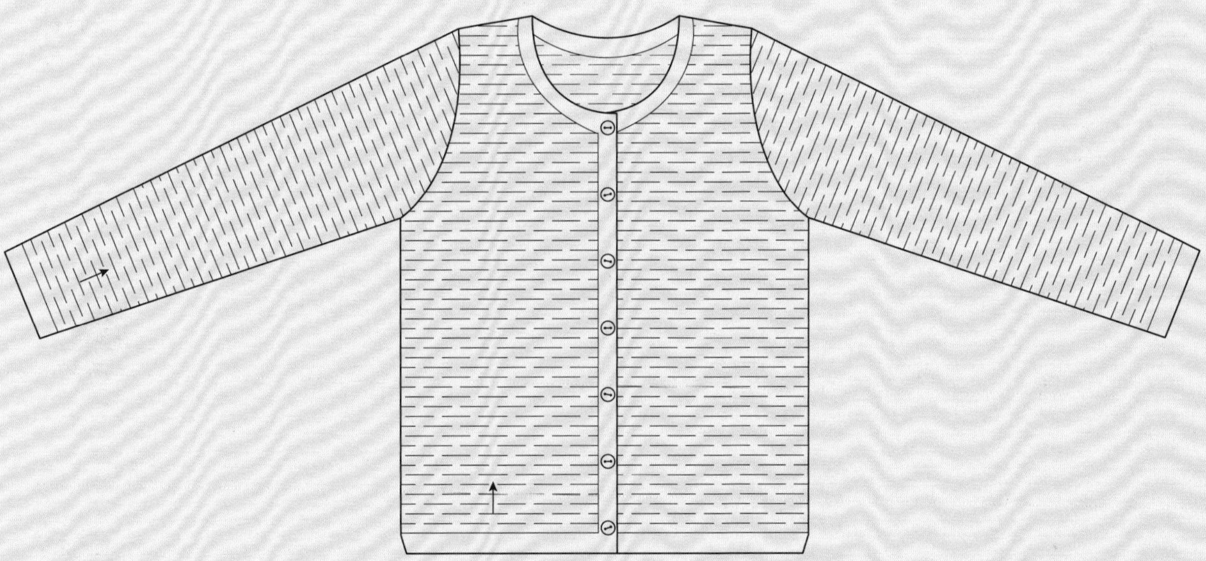

Axel Salto. Vase im Knospenstil. 1935
Steingut mit Hasenfell-Glasur. Höhe 15,3 cm.
Königliche Porzellanmanufaktur
CLAY – Keramikmuseum Dänemark

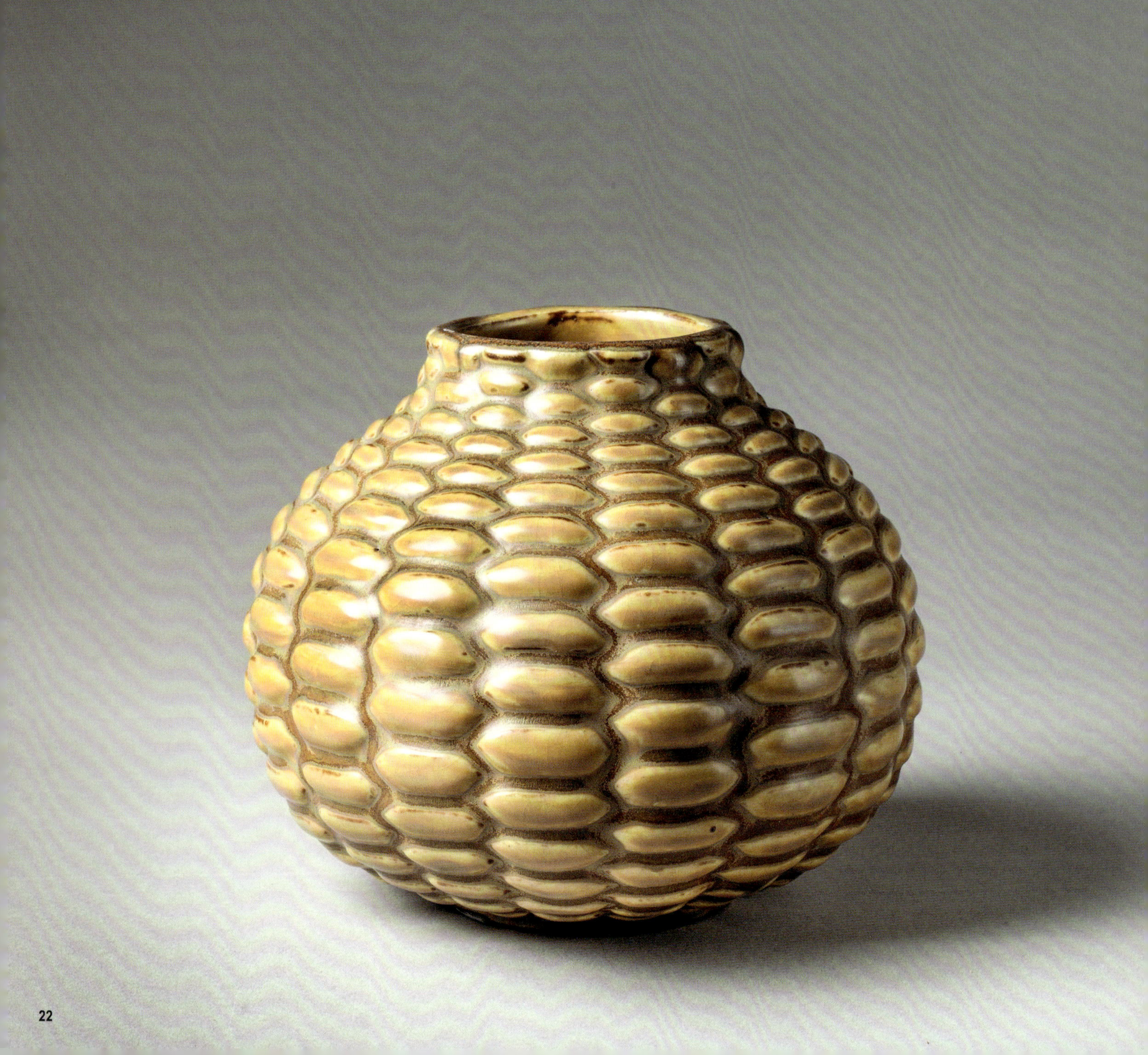

KÖRPER
200(220)240(260) M mit A und Nd 3 mm anschlagen.
9 R re hin und her str.
Die erste R ist eine RückR.

Zu Nd 3½ mm wechseln.

MUSTER
Mit B str.
Reihe 1 (HinR):
200(220)240(260) re.
Reihe 2: 1 re – 198(218)238(258) li – 1 re.

Mit A str.
Reihe 3: 9 re – *2 M abh, mit dem Faden **hinter** den M = 2abhFh – 8 re*. Von * bis * wdh. Enden mit 1 re.
Reihe 4: 9 re – *2 M abh, mit dem Faden **vor** den M = 2abhFv – 8 re*. Von * bis * wdh. Enden mit 1 re.

Mit B str.
Reihe 5-6: Wie Reihe 1-2 str.

Mit A str.
Reihe 7: 4 re – *2abhFh – 8 re*. Von * bis * wdh.
Enden mit 2abhFh – 4 re.
Reihe 8: 4 re – *2abhFv – 8 re*. Von * bis * wdh. Enden mit 2abhFv – 4 re.

Reihe 1-8 insgesamt 19-mal str.
Reihe 1 str.
Die Arbeit misst 36 cm.

In der RückR für den Armausschnitt abketten:
47(52)57(62) M im Muster str – 6 M abketten – 94(104)114(124) M im Muster str (die 1. M ist bereits auf der Nd) – 6 M abketten – 47(52)57(62) M im Muster str (die 1. M ist bereits auf der Nd).
Jedes Teil für sich fertig str.

RECHTES VORDERTEIL
1 MusterR str (HinR).

Am Anfang der nächsten RückR für den Armausschnitt abketten.
Die äußersten M in jeder R re str.
0(0)1(1)-mal 3 M abketten = 47(52)54(59) M.
2(3)3(4)-mal 2 M abketten = 43(46)48(51) M.
8(10)10(12)-mal 1 M abketten = 35(36)38(39) M.

16(10)12(6) R im Muster str.
Der Armausschnitt misst 8(8)9(9) cm.

Am Anfang der nächsten HinR für den Halsausschnitt abketten.
Die äußersten M in jeder R re str.
Den 2. Faden nicht abschneiden, sondern mit einstricken.
2-mal 3 M abketten = 29(30)32(33) M.
2-mal 2 M abketten = 25(26)28(29) M.
7(8)8(9)-mal 1 M abketten = 18(18)20(20) M.

18(20)20(22) R im Muster str.
Die letzte R ist eine HinR mit B.
Der Armausschnitt misst 17(18)19(20) cm.
Die Fäden abschneiden.
Die M stilllegen.

LINKES VORDERTEIL
Mit dem Abketten für den Armausschnitt in der HinR beg.
Genauso wie am rechten Vorderteil abketten.
16(10)12(6) R im Muster str.

Für den Halsausschnitt nun am Anfang der RückR wie am rechten Vorderteil abketten.
Danach19(21)21(23) R im Muster str.
Die letzte R ist eine HinR mit B.

Die Fäden abschneiden.
Die M stilllegen.

RÜCKEN
Im Muster weiter str.
Mit einer HinR beg.
Am Anfang jeder R für die Armausschnitte abketten:
Beidseitig 1(2)3(4)-mal 2 M abketten = 90(96)102(108) M.
Beidseitig 10(12)13(15)-mal 1 M abketten = 70(72)76(78) M.

53(51)51(49) R im Muster str.
Die letzte R ist eine HinR.
Die Armausschnitte messen 17(18)19(20) cm.

In der nächsten R für den Nacken abketten:
18(18)20(20) M str – 34(36)36(38) M abketten – 18(18)20(20) M str (die 1. M ist bereits auf der Nd).

10 R im Muster über die rechte Schulter str.
Die äußersten M in jeder R re str.
Die letzte R ist eine RückR mit A.
18(18)20(20) M vom rechten Vorderteil wieder auf eine Nd setzen.
Die SchulterM vom Vorderteil und Rücken zus str, dafür beide Teile mit den Außenseiten aneinanderlegen.
Mit B und einer dritten Nd die M zus str und gleichzeitig dabei abketten.

Über die linke Schulter 10 R im Muster str.
Auch die linke Schulter zus str und abketten.

HALSRAND
Mit A und RundNd 3 mm neue M aus dem Halsausschnitt str.

32(36)36(40) M aus dem rechten Vorderteil bis zur Schulter str – 46(48)48(50) M aus dem Rücken str – 32(36)36(40) M aus dem linken Vorderteil str = 110(120)120(130) M.

9 R re hin und her str.
In der HinR alle M abketten.

VORDERRAND
Am linken Vorderrand neue M mit A und Nd 3 mm herausstr.
6 M aus dem Halsrand str – 112(112)114(114) M aus dem vorderen Rand str – 6 M aus dem unteren Rand str = 124(124)128(128) M.

9 R re str.
In der HinR alle M abketten.

Am rechten Vorderrand ebenfalls 124(124)128(128) M herausstr.
4 R re str.
Knopflöcher str (RückR): 2 re – *2 re zus – 2 neue M anschlagen – 2 re verschr zus – 15(15)16(16) re*.
Von * bis * wdh. Enden mit 2 re zus – 2 neue M anschlagen – 2 re verschr zus str – 4(4)2(2) re.

4 R re str.
In der HinR abketten.

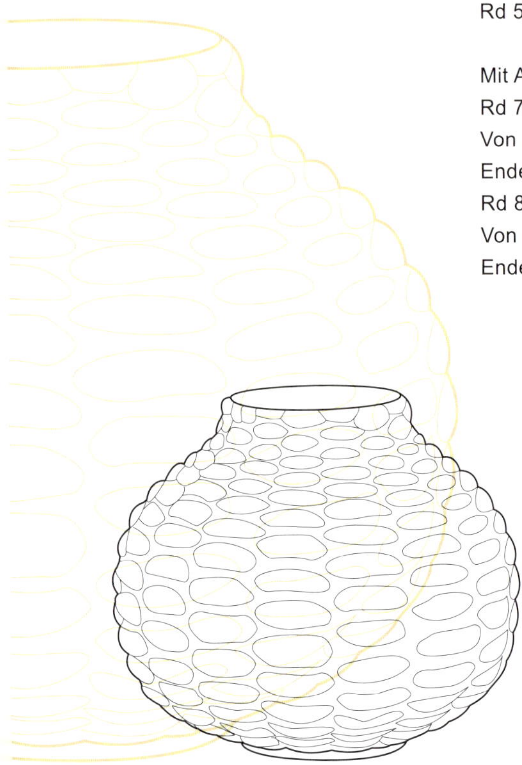

ÄRMEL

50 M mit A und Nd 3 mm anschlagen.
9 R re hin und her str.
Die erste R ist eine RückR.

In der nächsten HinR zum Nadelspiel 3½ mm wechseln und die Arbeit zur Runde schließen.

Mit B str.
Rd 1-2: Alle M re str.

Mit A str.
Rd 3: 4 re – *2abhFh – 8 re*.
Von * bis * wdh.
Enden mit 2abhFh – 4 re.
Rd 4: 4 li – *2abhFh – 8 li*.
Von * bis * wdh.
Enden mit 2abhFh – 4 li.

Mit B str.
Rd 5-6: Alle M re str.

Mit A str.
Rd 7: 1abhFh – *8 re – 2abhFh*.
Von * bis * wdh.
Enden mit 8 re – 1abhFh.
Rd 8: 1abhFh – *8 li – 2abhFh*.
Von * bis * wdh.
Enden mit 8 li – 1abhFh.

Mit B str.
Rd 9: Alle M re str.
Rd 10 mit Zun: 1 re – 1 neue re (s. Abk.) – 48 re – 1 neue re – 1 re = 52 M.

Mit A str.
Rd 11: 5 re – *2abhFh – 8 re*.
Von * bis * wdh.
Enden mit 2abhFh – 5 re.
Rd 12: 5 li – *2abhFh – 8 li*.
Von * bis * wdh.
Enden mit 2abhFh – 5 li.

Mit B str.
Rd 13-14: Alle M re str.

Mit A str.
Rd 15: 1 re – 1abhFh – *8 re – 2abhFh*.
Von * bis * wdh.
Enden mit 8 re – 1abhFh – 1 re.
Rd 16: 1 li – 1abhFh – *8 li – 2abhFh*.
Von * bis * wdh.
Enden mit 8 li – 1abhFh – 1 li.

Im Muster weiter str.
Die Zun in jeder 16.(12.)10.(8.) Rd wdh, bis 72(78)84(92) M auf der Nd sind.
Die neuen M in das Muster einfügen.
Die Rd sollen nicht mit 2abhFh beg und enden – in diesen R die erste und letzte M wie in Rd 15-16 str.

Weiter str, bis der Ärmel ca. 43(42)41(40) cm misst.
Nach 2 Rd mit A enden.

Für die Armkugel am Anfang der HinR 3 M abketten – 69(75)81(89) M str. Wenden.
In der RückR 3 M abketten und die R zu Ende str = 66(72)78(86) M.

Das Muster in Reihen hin und her wie am Körper str.

Beidseitig am Anfang der R 1(1)2(2)-mal 2 M abketten = 62(68)70(78) M.
Beidseitig am Anfang der R 5(6)7(8)-mal 1 M abketten = 52(56)56(62) M.

2 R ohne Abketten str – am Anfang der nächsten beiden R 1 M abketten.

Diese 4 R von * bis * insgesamt 5(4)4(3)-mal str = 42(48)48(56) M.

Beidseitig am Anfang der R 7(8)8(10)-mal 1 M abketten = 28(32)32(36) M.
Beidseitig am Anfang der R 3(4)4(5)-mal 2 M abketten = 16 M.
Die letzten M abketten.

Den zweiten Ärmel genauso str.

FERTIGSTELLUNG

Die Ärmel mit Nadeln in den Armausschnitt heften und von außen einnähen.
Die Ärmelränder schließen.
Die Knöpfe annähen.
Alle Fäden vernähen.

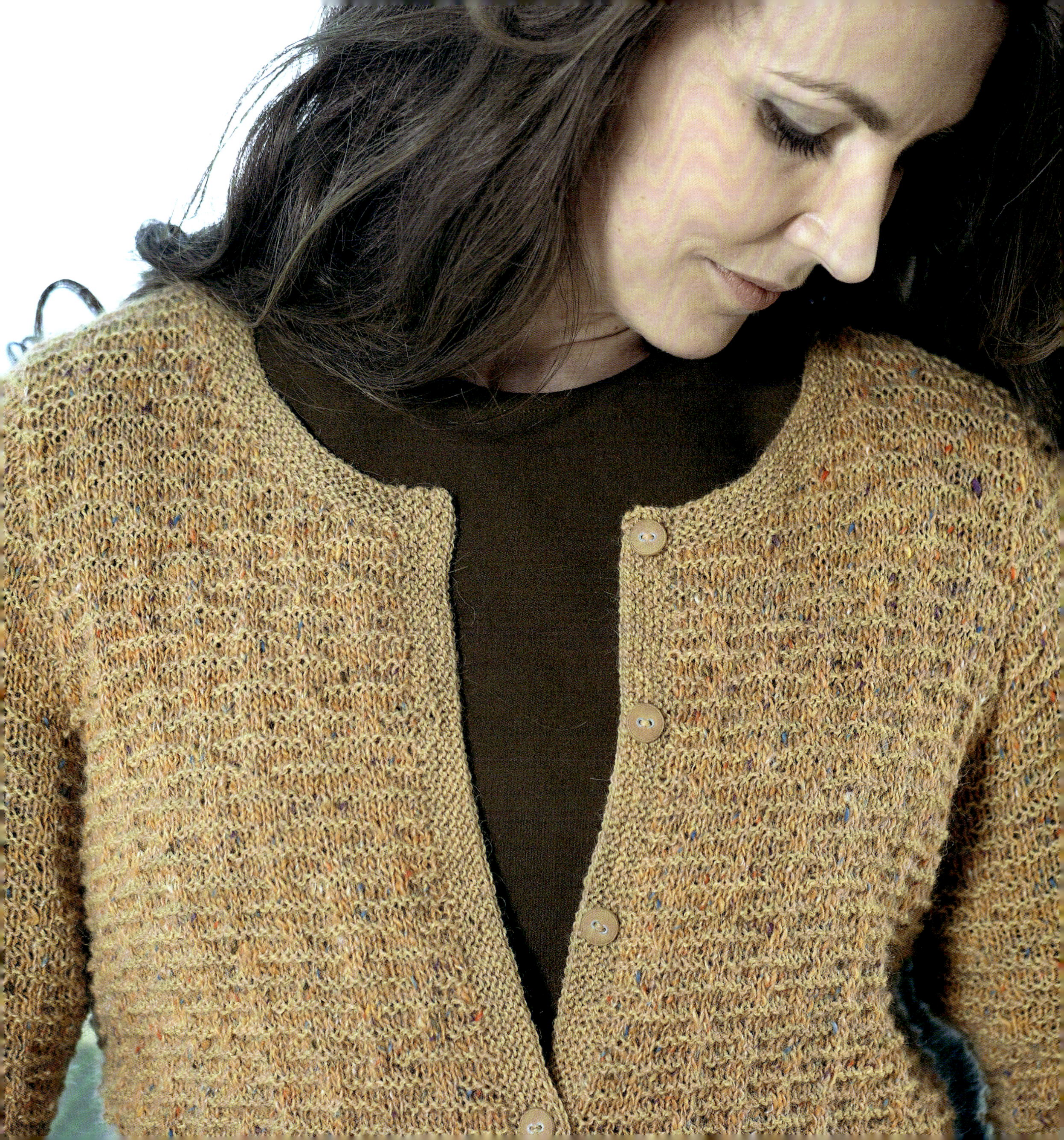

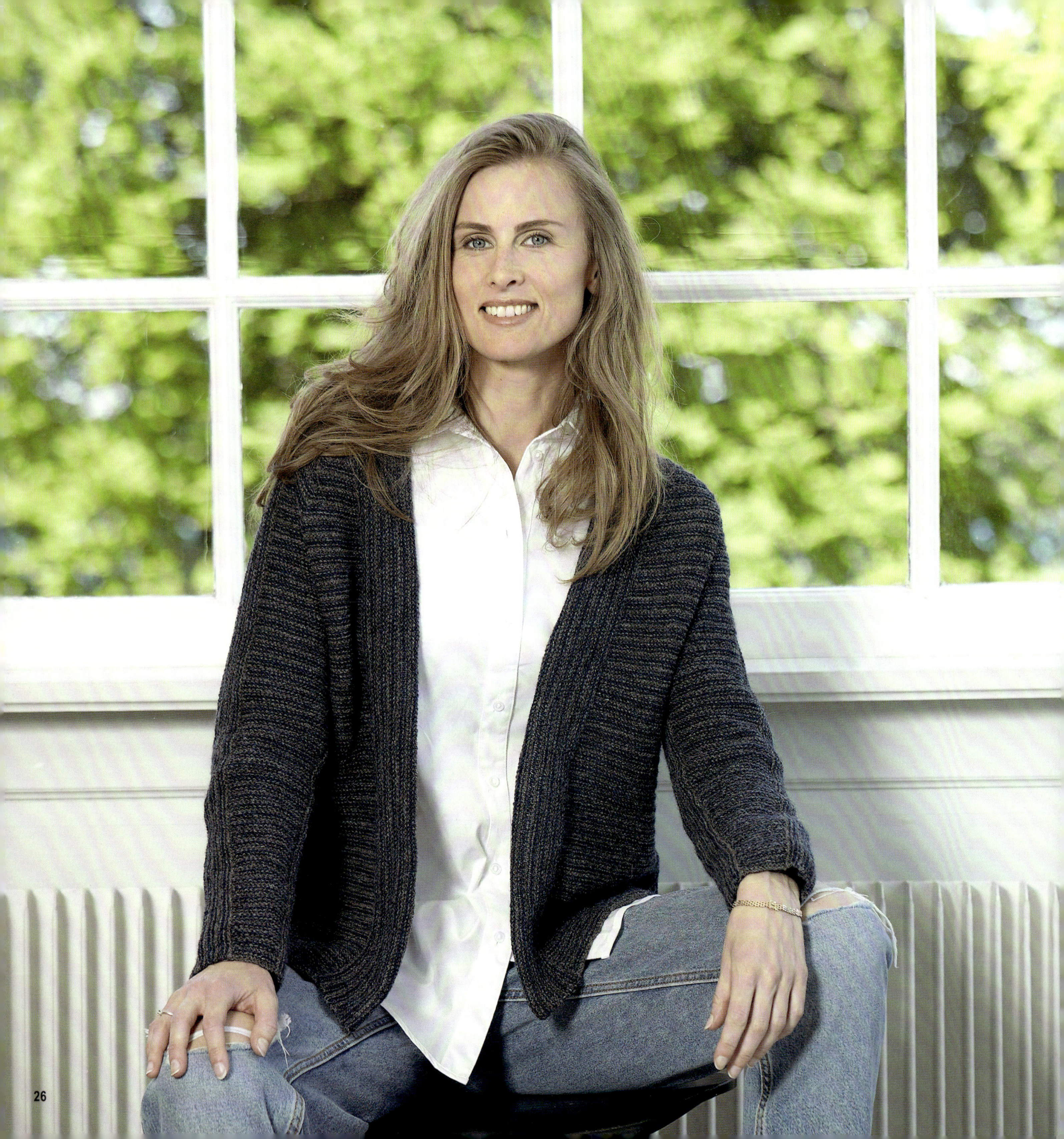

MIESMUSCHEL

Gr.: S(M)L(XL)

Halbe Oberweite: 47(51)56(61) cm
Länge: 53 cm
Ärmellänge ab Armausschnitt: 43(43)42(41) cm

Material

A: 250(250)250(300)g Isager Tvinni Farbe 4s
B: 100(150)150(150)g Isager Alpaca 2 Farbe Midnight

Nadel 3 mm

Maschenprobe kraus rechts gestrickt: 10 cm = 27 M und 54 R
Maschenprobe im Muster: 10 cm = 27 M und 50 R

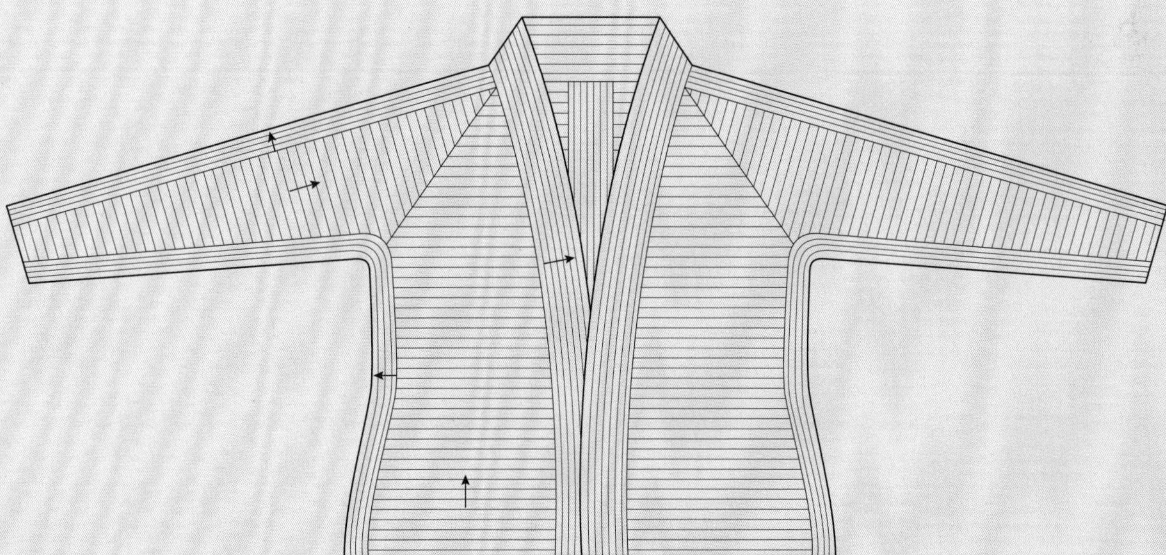

Axel Salto. Vase. 1950-iger Jahre.
Steingut mit Blauer Glasur. Höhe 98 cm.
Königliche Porzellanmanufaktur
CLAY – Keramikmuseum Dänemark

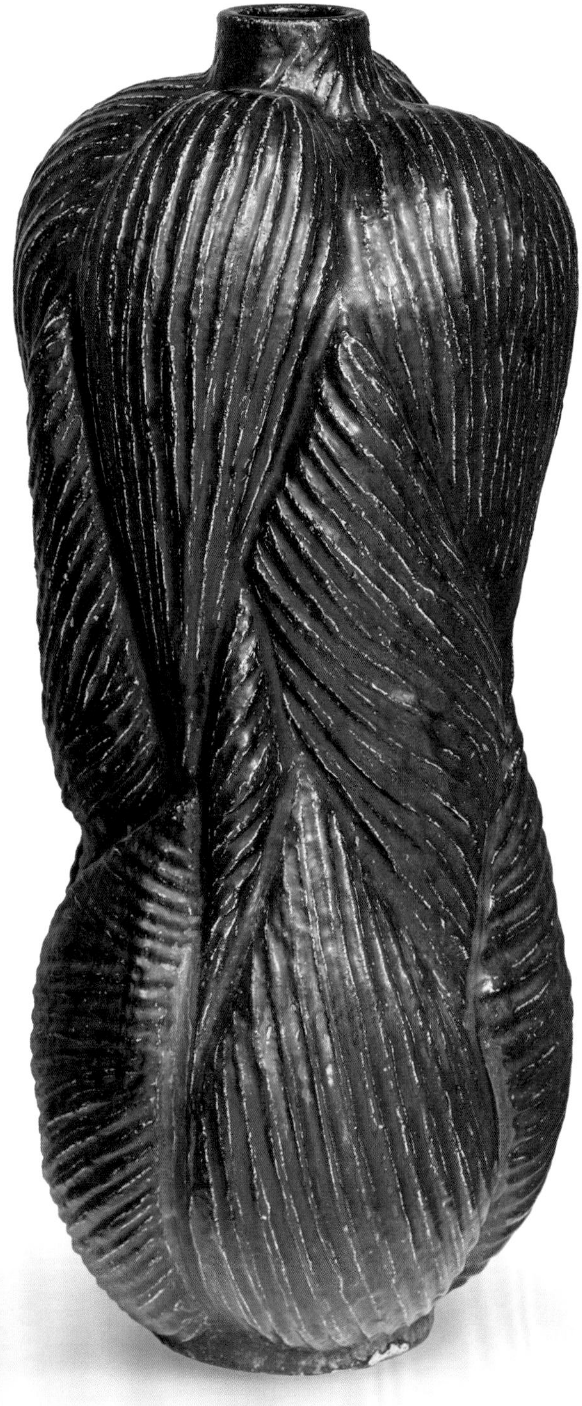

Die linken Maschen erscheinen an der Außenseite der Jacke

RÜCKEN LINKE SEITE

50(56)59(65) M mit A und Nd
3 mm anschlagen.
2 R re str.

MUSTER
Mit B str.
Reihe 1 (RückR): 50(56)59(65) re.
Reihe 2: 1 re – 48(54)57(63) li – 1 re.

Mit A str.
Reihe 3-6: 4 R re str.

Reihe 1-6 insgesamt 4-mal str.

Zu B wechseln.
Mit TaillenAbn beg: 2 re zus – 48(54)57(63) re = 49(55)58(64) M.
1 R li str, dabei die erste und letzte M re str.

Im Muster (4 krause A-Reihen + 2 glatt rechts gestr B-Reihen) fortsetzen.
Insgesamt 6 TaillenAbn in jeder 12. R str = 44(50)53(59) M.

23(23)11(11) R im Muster ohne Abn str.

Mit TaillenZun beg: 1 re – 1 neue re (s. Abk.) – 43(49)52(58) re = 45(51)54(60) M.

Im Muster weiter str.
Die Zun insgesamt 4-mal in jeder 18. R str = 48(54)57(63) M.

Im Muster weiter str, bis 31(30)29(28) B-Streifen gestr sind.
Die Arbeit misst ca. 37(36)34(33) cm.
Die Fäden abschneiden und die M stilllegen.

LINKER ÄRMEL RÜCKSEITE

12 M mit A und Nd 3 mm anschlagen.
2 R re str.

MUSTER
Mit B str.
Reihe 1 (RückR): 12 re.
Reihe 2: 1 re – 10 li – 1 re.

Mit A str.
Reihe 3-6: 4 R re str.

Wieder Reihe 1-2 mit B str.

Mit A str.
Mit ÄrmelZun beg: 11 re – 1 neue re – 1 re = 13 M. 3 R re str.

Im Muster (2 glatte B-Reihen + 4 krause A-Reihen) weiter str.
Die Zun insgesamt 21(13)25(19)-mal in jeder 10.(10.)8.(8.) R str = 33(25)37(31) M.

Gr. (M)(XL):
Die Zun noch (10)(8)-mal in jeder (8.)(6.) R wdh = (35)(39) M.

Im Muster weiter str, bis 36(36)35(34) B-Streifen gestr sind.
Die Arbeit misst ca. 43(43)42(41) cm.
Die Fäden nicht abschneiden.

RAGLAN LINKER RÜCKEN

Rücken- und ÄrmelM folgendermaßen zus str:
Die RückenM wieder auf die Nd setzen.

Mit A str.
31(33)35(37) ÄrmelM re str – 2 re verschr zus – über die RückenM weiter str: 2 re zus – 46(52)55(61) re = 79(87)92(100) M.
1 R re str.

Mit RaglanAbn beg:
30(32)34(36) re – 2 re verschr zus – eine Markierung setzen – 2 re zus – 45(51)54(60) re = 77(85)90(98) M.
1 R re str.

2 R mit B glatt rechts ohne Abn str.

Im Muster wie bisher weiter str.
Die Abn in der 1. und 3. A-Reihe insgesamt 30(32)34(36)-mal an beiden Seiten der Markierung str = 21(25)26(30) M.
Nach 2 glatten B-Reihen + 1 A-Reihe ohne Abn enden.
Die Fäden abschneiden und die M stilllegen.

LINKER SEITENSTREIFEN RÜCKEN

Von außen und mit A neue M aus Ärmel und Rücken herausstr.
Unten am Ärmel an der schrägen Seite (= Seite mit den Zun) beg.
Aus 4 krausen A-Reihen je 2 neue M str.
Aus 2 glatten B-Reihen je 1 neue M str.

Am Ärmel 108(108)105(102) M herausstr.
1 M aus dem Übergang zwischen Ärmel und Rücken str.
Am Rücken 93(90)87(84) M herausstr.
Es sind insgesamt 202(199)193(187) M auf der Nd.
2 R re str.

2 glatte B-Reihen str.

4 krause A-Reihen str - 2 glatte B-Reihen str.

Von * bis * noch 1(1)2(2)-mal str.
Noch 1 A-Reihe re str.
Die Fäden abschneiden und die M stilllegen.

LINKER ÄRMEL VORDERSEITE

12 M mit A und Nd 3 mm anschlagen.
2 R re str.

Mit B str.
Reihe 1 (RückR): 12 re str.
Reihe 2: 1 re – 10 li – 1 re str.

Zu A wechseln.
Reihe 3-6: 4 R re str.
Reihe 1 und 2 mit B wdh.

Zu A wechseln.
Zun str: 1 re – 1 neue re – 11 re = 13 M.
3 R re str.

Im Muster (2 glatte + 4 krause R) weiter str.
Die Zun insgesamt 21(14)25(20)-mal in jeder 10.(10.)8.(8.) R str = 33(26)37(32) M.

Gr. (M)(XL):
Die Zun noch (9)(7)-mal in jeder (8.)(6.) R wdh = (35)(39) M.

Im Muster weiter str, bis insgesamt 36(36)35(34) B-Streifen gestr sind.
Die Arbeit misst ca. 43(43)42(41) cm.
Die Fäden abschneiden und die M stilllegen.

LINKES VORDERTEIL

64(66)69(71) M mit A und Nd 3 mm anschlagen.
2 R re str.

Mit B str.
Reihe 1 mit Abn am Vorderrand (RückR):
2 re zus – 62(64)67(69) re.
Reihe 2: 1 re – 61(63)66(68) li – 1 re.

Mit A str.
Reihe 3-6: 4 R re str.
Mit B str: 2 glatte R ohne Abn.
Mit A str.
Reihe 9-12: 4 R re str.
Reihe 1-12 mit Abn in der RückR des 1. B-Streifens wdh = 62(64)67(69) M.

Mit B str.
Nun auch mit TaillenAbn beg:
2 re zus – 58(60)63(65) re – 2 re zus = 60(62)65(67) M.
1 R li str und dabei die erste und letzte M re str.

Im Muster weiter str.
Die Abn am Anfang und Ende der RückR mit B in jeder 12. R wdh, bis insgesamt 6 TaillenAbn gestr sind = 50(52)55(57) M.

Gr. S(M):
23 MusterR mit Abn nur am Anfang jeder 12. R str = 49(51) M.

Gr. L(XL):
11 MusterR str.

Alle Gr.:
Am Anfang der RückR mit B die Abn wie bisher str und am Ende dieser RückR mit den TaillenZun beg: 2 re zus – 46(48)51(55) re – 1 neue re – 1 re = 49(51)55(57) M.

Das Muster mit den Abn in jeder 12. R fortsetzen, aber die TaillenZun insgesamt 4-mal nur in jeder 18. R str = 48(50)54(56) M.

Nach insgesamt 31(30)29(28) B-Streifen sind 46(49)52(55) M auf der Nd.
Die Arbeit misst ca. 37(36)35(34) cm.
Die Fäden nicht abschneiden.

RAGLAN LINKES VORDERTEIL

Die Vorderteil- und ÄrmelM folgendermaßen zus str:
Die ÄrmelM wieder auf die Nd setzen.
Mit A str.
Die VorderteilM str: 44(47)50(53) re – 2 re verschr zus – weiter über die ÄrmelM str:
2 re zus – 31(33)35(37) re = 77(82)87(92) M.
1 R re str.

Mit den RaglanAbn beg:
43(46)49(52) re – 2 re verschr zus – eine Markierung setzen – 2 re zus – 30(32)34(36) re = 75(80)85(90) M.
1 R re str.

2 R glatt re mit B und Abn am vorderen Rand str, aber **ohne** Abn an der Markierung str.

Im Muster weiter str, aber nun die Abn am Vorderrand in **jedem** B-Streifen str.
Die Abn an jeder Seite der Markierung in der 1. und 3. A-Reihe insgesamt 30(32)34(36)-mal str.
Enden mit 2 glatten B-Reihen mit Abn am Vorderrand = 4 M + 1 A-Reihe ohne Abn.
Die Fäden abschneiden und die M stilllegen.

LINKER SEITENSTREIFEN VORDERTEIL

Von außen und mit A neue M am Körper und dem Ärmel herausstr.

Am Körper 93(90)87(84) M herausstr. 1 M aus dem Übergang zwischen Körper und Ärmel str.
Am Ärmel 108(108)105(102) M herausstr. Es sind nun 202(199)193(187) M auf der Nd.

Wie am linken Seitenstreifen den Rücken fertig str.
Mit 3 krausen A-Reihen enden.
Nur B abschneiden.

SEITENSTREIFEN ZUSAMMENSTRICKEN

Die M vom linken SEITENSTREIFEN RÜCKEN wieder auf eine Nd heben.
Die 2 Seitenstreifen mit den Außenseiten aneinanderlegen.
Mit einer dritten Nd die gegenüberliegenden M zus str und gleichzeitig dabei abketten (= 3-needle-bind-off).

SCHULTER ZUSAMMENSTRICKEN

Das linke Vorderteil und die linke Rückenhälfte an der Schulter und dem Ärmel zus str.

Von außen und mit A neue M aus der Vorderseite des linken Ärmels herausstr.
Am Handgelenk beg und 153(156)156(156) M wie an den Seitenstreifen herausstr.
2 R re str.
2 glatte B-Reihen str.
4 krause A-Reihen str.
2 glatte B-Reihen str.
1 A-Reihe re str.
Die Fäden abschneiden und die M stilllegen.

Neue M auch aus der rückwärtigen Seite des linken Ärmels herausstr.
2 R re str.
2 glatte B-Reihen str.
4 krause A-Reihen str.
2 glatte B-Reihen str.
3 krause A-Reihen str.

Die M der Vorderseite des linken Ärmels wieder auf eine Nd heben.
Die beiden Ärmelhälften mit den Außenseiten aneinanderlegen und mit 3-needle-bind-off abketten.

RECHTER ÄRMEL RÜCKSEITE

Wie die Vorderseite des linken Ärmels str.

RÜCKEN RECHTE SEITE

Bis zu den TaillenAbn wie den linken Rücken str.

Zu B wechseln.
Mit TaillenAbn beg: 48(54)57(63) re – 2 re zus = 49(55)58(64) M.
1 R li str und dabei die erste und letzte M re str.

Im Muster weiter str.
Die Abn insgesamt 6-mal in jeder 12. R str = 44(50)53(59) M.
23(23)11(11) R im Muster ohne Abn str.

Mit TaillenZun mit B beg:
43(49)52(58) re – 1 neue re – 1 re = 45(51)54(60) M.
Im Muster weiter str.
Die Zun insgesamt 4-mal in jeder 18. R str = 48(54)57(63) M.

Im Muster weiter str, bis insgesamt 31(30)29(28) B-Streifen gestr sind.
Die Arbeit misst ca. 37(36)34(33) cm.
Die Fäden nicht abschneiden.

RAGLAN RECHTER RÜCKEN

Die ÄrmelM wieder auf eine Nd setzen.
Mit A str.
Über die RückenM str:
46(52)55(61) re – 2 re verschr zus – über die ÄrmelM str:
2 re zus –31(33)35(37) re = 79(87)92(100) M.
1 R re str.

Im Muster und mit RaglanAbn wie an der linken Rückenseite weiter str, bis 30(32)34(36) RaglanAbn gestr sind = 21(25)26(30) M.
Mit 2 glatten B-Reihen + 1 rechten A-Reihe ohne Abn enden.
Die Fäden abschneiden und die M stilllegen.

RECHTER SEITENSTREIFEN RÜCKEN

Wie den Seitenstreifen des linken Vorderteils str, aber die Fäden abschneiden und die M stilllegen.

RECHTES VORDERTEIL

64(66)69(71) M mit A und Nd 3 mm anschlagen.
2 R re str.

MUSTER
Mit B str.
Reihe 1 mit Abn am Vorderrand (RückR): 62(64)67(69) re – 2 re zus.
Reihe 2: 1 re – 61(63)66(68) li – 1 re.
Mit A str.
Reihe 3-6: 4 R re str.
Mit B str.
2 R glatt re ohne Abn str.
Mit A str.
Reihe 9-12: 4 R re str.

Reihe 1-12 mit Abn am Ende der 1. B-Reihe (RückR) wdh = 62(64)67(69) M.

Mit B str.
Mit TaillenAbn beg: 2 re zus – 58(60)63(67) re – 2 re zus = 60(62)65(67) M.
1 R li str und dabei die erste und letzte M re str.

Im Muster weiter str.
Die Abn am Anfang und Ende jeder 12. R (RückR mit B) wdh, bis insgesamt 6 TaillenAbn gestr sind = 50(52)55(57) M.

Gr. S(M):
23 MusterR mit Abn am Vorderrand in jedem 2. B-Streifen str = 49(51) M.

Gr. L(XL):
11 MusterR str.

Alle Gr.:
Die Abn am Ende der RückR mit B fortsetzen und gleichzeitig am Anfang der RückR mit den TaillenZun beg: 1 re – 1 neue re – 46(48)51(55) re – 2 re zus = 49(51)55(57) M.

Das Muster mit den Abn in jeder 12. R fortsetzen, aber die TaillenZun insgesamt 4-mal nur in jeder 18. R str = 48(50)54(56) M.

Nach insgesamt 31(30)29(28) B-Streifen sind 46(49)52(55) M auf der Nd.
Die Arbeit misst ca. 37(36)35(34) cm.
Die Fäden abschneiden und die M stilllegen.

RECHTER ÄRMEL VORDERSEITE

Wie die Rückseite des linken Ärmels str.

RAGLAN RECHTES VORDERTEIL

Das rechte Vorderteil und den rechten Ärmel folgendermaßen zus str:
Die VorderteilM wieder auf eine Nd setzen.
Mit A str.
Über die ÄrmelM str:
31(33)35(37) re – 2 re verschr zus – die VorderteilM str:
2 re zus – 44(47)50(53) re = 77(82)87(92) M.
1 R re str.

RaglanAbn str: 30(32)34(36) re – 2 re verschr zus – eine Markierung setzen – 2 re

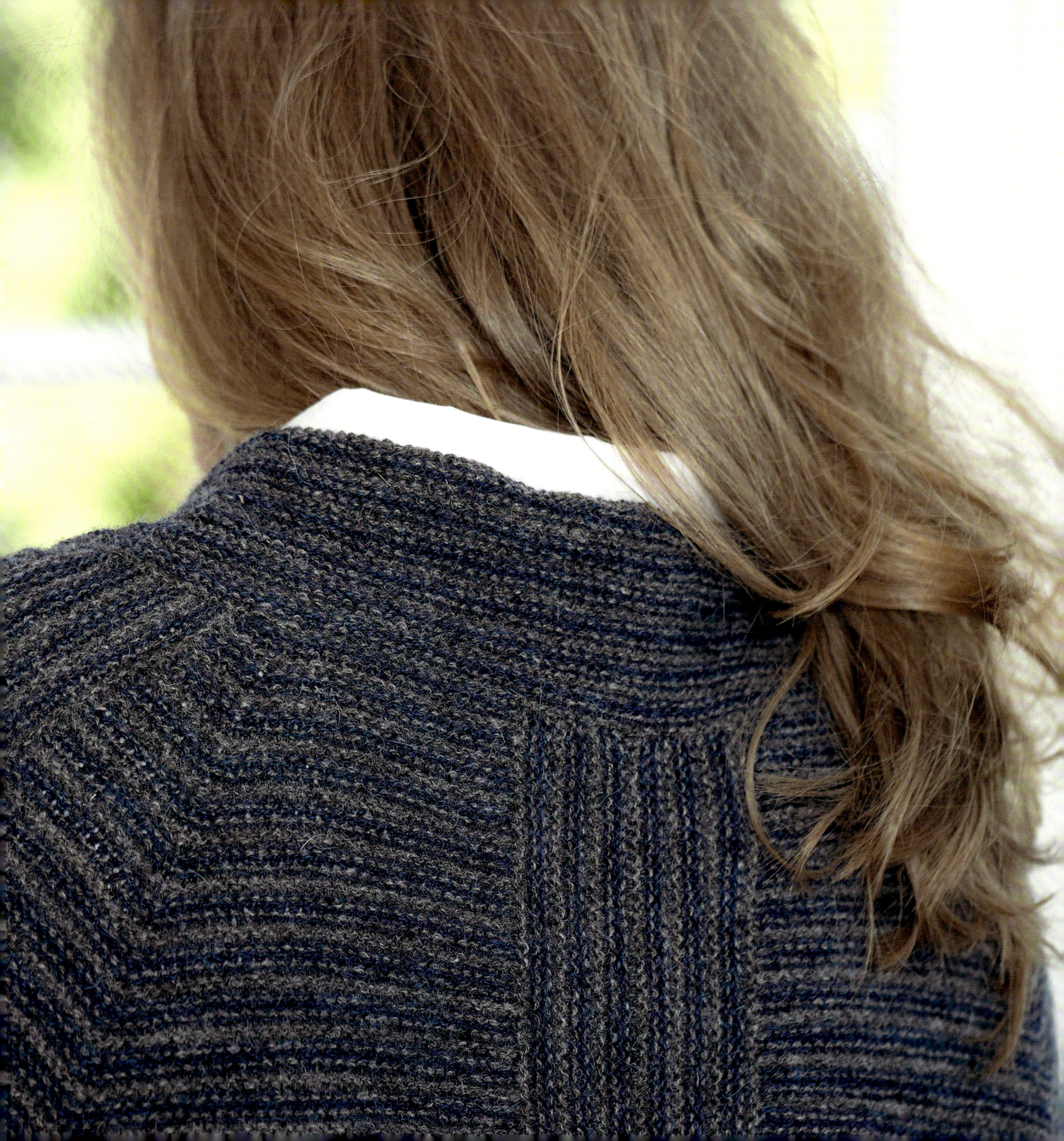

zus – 43(46)49(52) re = 75(80)85(90) M.
1 R re str.

2 glatte B-Reihen mit Abn am Ende der ersten R, aber ohne Abn an der Markierung str.

Im Muster weiter str, aber nun die Abn am Vorderrand am Ende **jeder** RückR mit B str.
In der 1. und 3. A-Reihe an jeder Seite der Markierung insgesamt 30(32)34(36)-mal RaglanAbn str.
Enden mit 2 glatten B-Reihen mit Abn = 4 M + 1 A-Reihe ohne Abn.
Die Fäden abschneiden und die M stilllegen.

RECHTER SEITENSTREIFEN VORDERTEIL

Wie den Seitenstreifen des linken Rückens str.
Nur B abschneiden.
Die beiden Seitenstreifen zus str.

SCHULTER ZUSAMMENSTRICKEN

Die Schulter wie die linke Schulter zus str.

RÜCKEN MITTELTEIL

Von außen und mit A neue M aus der rechten Seite der linken Rückenhälfte herausstr. Das ist die Seite ohne Ab- und Zunahmen.
Am unteren Rand beginnen.
Aus allen A-Streifen je 2 M und aus allen B-Streifen je 1 M str = 138 M.
2 A-Reihen re str.
2 glatte B-Reihen - 4 krause A-Reihen str.
Von * bis * noch einmal str.

2 glatte B-Reihen str.
1 A-Reihe re str.
Die Fäden abschneiden und die M stilllegen.

Aus der rechten Rückenhälfte auf die gleiche Weise neue M herausstr. Am Nacken beg.
Mit 3 krausen A-Reihen enden.
Die Fäden nicht abschneiden.
Die beiden Mittelteile mit den Außenseiten aneinanderlegen und mit 3-needle-bind-off abketten.

KRAGEN

Von außen und mit A neue M aus den Vorderteilen, Ärmeln und dem Nacken herausstr.
Alle stillgelegten M dabei wieder auf die Nd setzen.
138 M aus dem rechten Vorderteil str.
Aus 4 krausen A-Reihen je 2 neue M str.
Aus den 2 glatten B-Reihen je 1 neue M str.

Die stillgelegten VorderteilM str: 1 re – 2 re zus – 1 re.
14 M aus der Schulter str.
Die RückenM str: 1 re – 2 re verschr zus – 2 re zus – 16(20)21(25) re.
20 M aus dem Mittelteil am Rücken str.
Die RückenM str: 16(20)21(25) re – 2 re verschr zus – 2 re zus – 1 re.
14 M aus der Schulter str.
Die VorderteilM str: 1 re – 2 re zus – 1 re. 138 M aus dem linken Vorderteil str.

Es sind nun 368(376)378(386) M auf der Nd.
2 R re str.

Zun mit B str: 1 re – 1 neue re – re str und vor der letzten M enden – 1 neue re – 1 re.
1 R li und dabei die erste und letzte M re str.

4 A-Reihen re str.

Die Zun in jedem 2. B-Streifen wdh, bis insgesamt 6 B-Streifen gestr sind.

2 A-Reihen re str.
In der nächsten RückR re abketten.

FERTIGSTELLUNG

Alle Fäden vernähen.

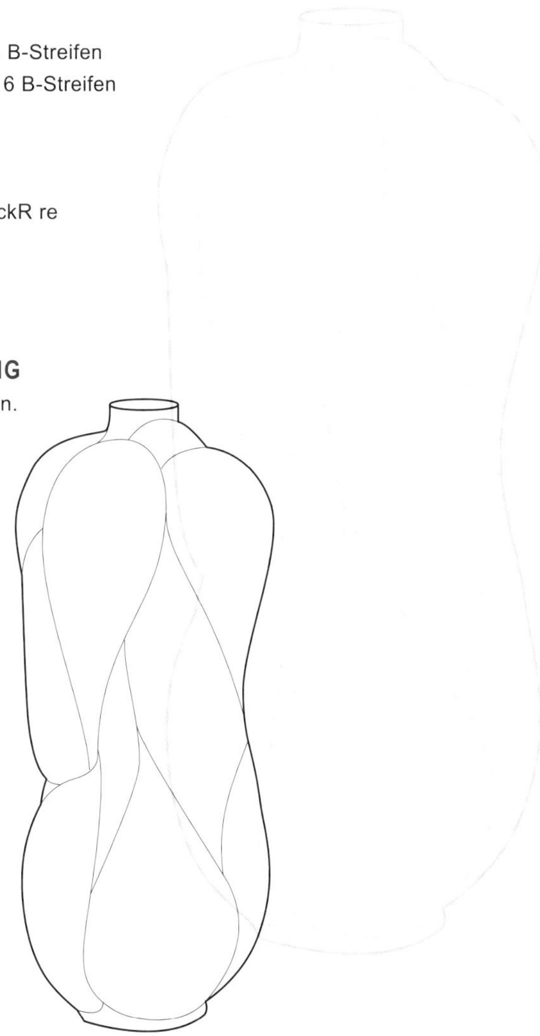

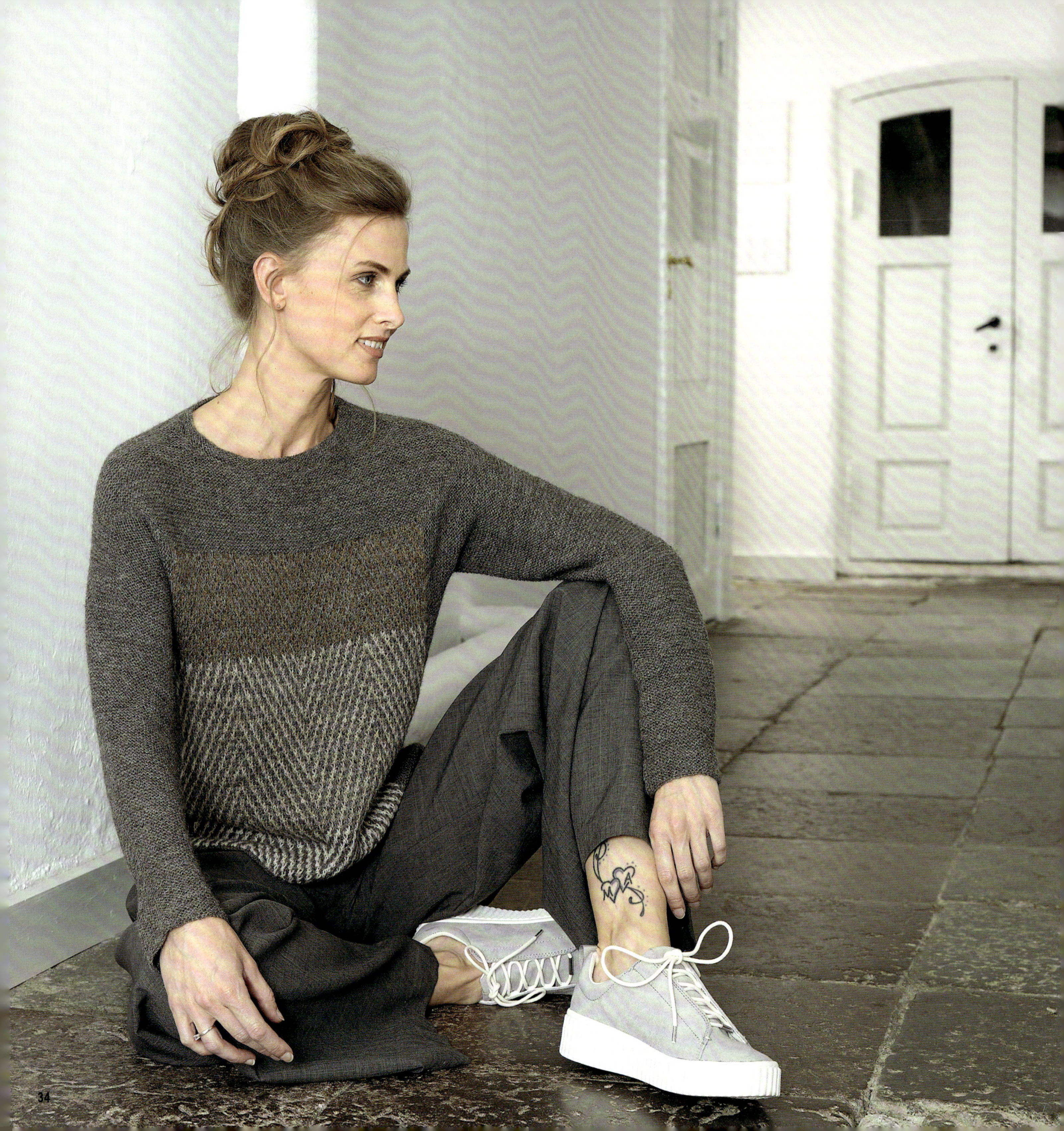

TREIBHOLZ

Gr.: S(M)L(XL)

Halbe Oberweite: 47(51)55(59) cm
Länge: 55(58)58(61) cm
Ärmellänge ab Armausschnitt: 44(43)41(41) cm

Material
A: 250(250)300(300)g Isager Alpaca 2 Farbe 4s
B: 25g Isager Tvinni Farbe 6s
C: 25g Isager Tvinni Farbe 7s
D: 25g Isager Tvinni Farbe 8s

Rundnadeln und Nadelspiele 2½, 3 und 3½ mm

Maschenprobe kraus rechts mit Nd 3 mm: 10 cm = 26 M und 52 R
Maschenprobe im Muster mit Nd 3½ mm: 10 cm = 30 M und 50 R

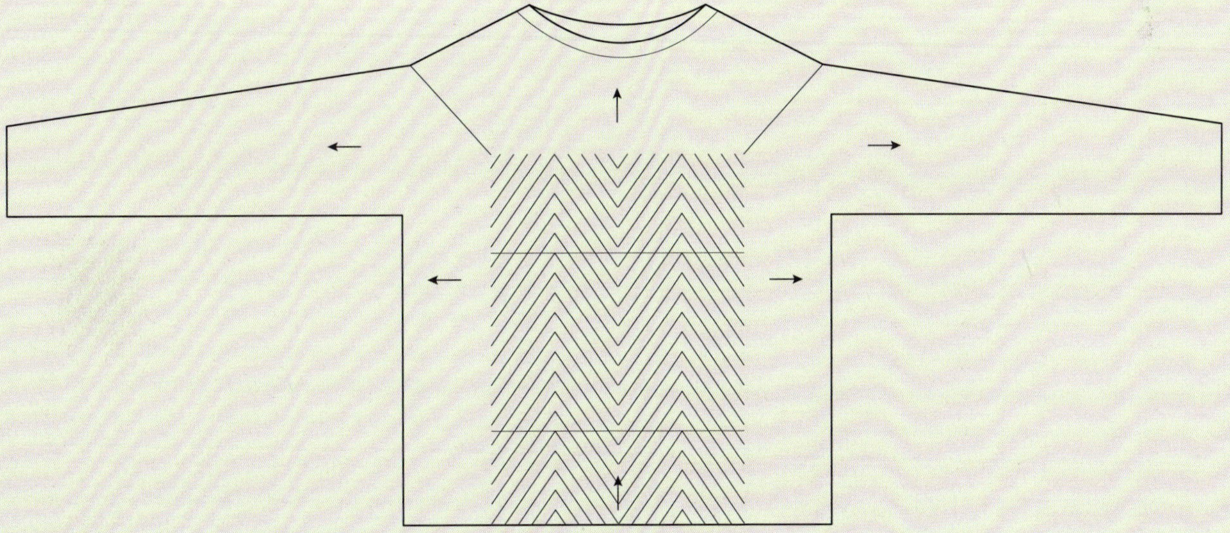

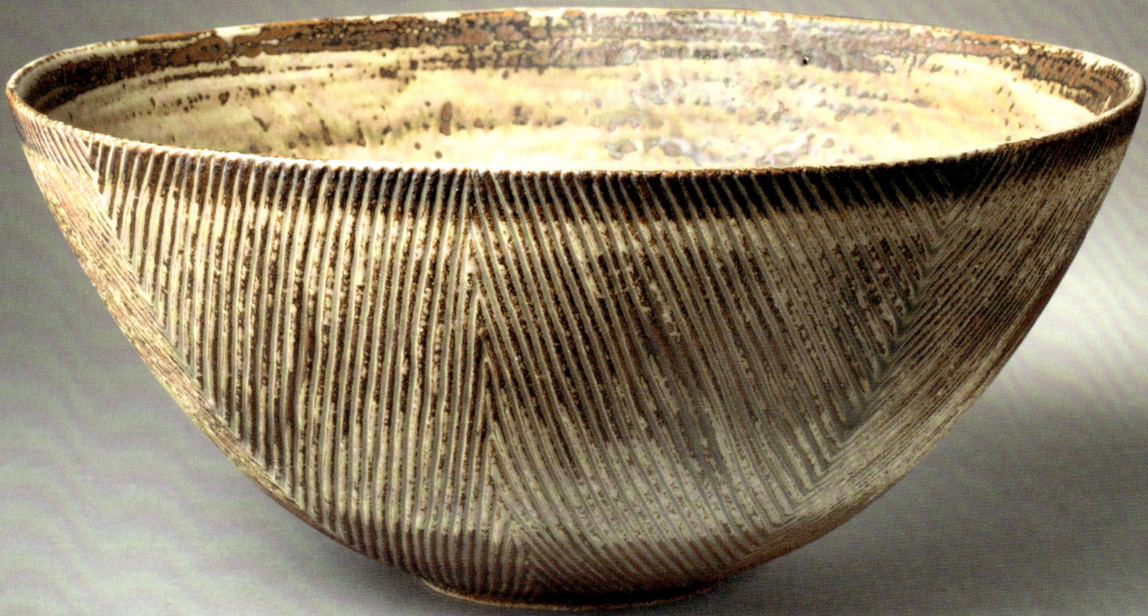

Axel Salto. Ohne Jahresangabe.
Steingut mit Sung-Glasur. Durchmesser 37,5 cm.
Königliche Porzellanmanufaktur
CLAY – Keramikmuseum Dänemark

MITTELTEIL RÜCKEN

78(78)88(88) M mit Nd 2½ mm und Farbe A anschlagen.

Einen Umbruchrand str:
Reihe 1 (RückR): 1 re – 76(76)86(86) li – 1 re.
Reihe 2: 78(78)88(88) re.
Reihe 1-2 insgesamt 3-mal str (= 6 R).
1 RückR re str.

In der nächsten HinR Zun str:
4(4)2(2) re – *1 neue re (s. Abk.) – 7 re*.
Von * bis * wdh. Enden mit 1 neue re – 4(4)2(2) re = 89(89)101(101) M.
1 RückR str: 1 re - 87(87)99(99) li – 1 re.

Zu Nd 3½ mm wechseln.
Im Muster mit A und B str.
Mit B str.
Reihe 1 (HinR): 1 re.
*1 M li abh mit dem Faden **hinter** der M = 1abhFh – 2 re*.
Von * bis * insgesamt 14(14)16(16)-mal str.
1abhFh – 1 re.
Wieder von * bis * insgesamt 14(14)16(16)-mal str.
Enden mit 1abhFh – 1 re.

Reihe 2: 1 re.
*1 M li abh mit dem Faden **vor** der M = 1abhFv – 2 li*.
Von * bis * insgesamt 14(14)16(16)-mal str.
1 abhFv – 1 li.
Wieder von * bis * insgesamt 14(14)16(16)-mal str.
Enden mit 1abhFv – 1 re.

Mit A str.
Reihe 3: 1 re.
#*2 re – 1abhFh*. Von * bis * insgesamt 7(7)8(8)-mal str.
1 re und diese M markieren.
1abhFh – 2 re. Von * bis * insgesamt 7(7)8(8)-mal str#.
1abhFh und diese M markieren.
Von # bis # wdh. Enden mit 1 re.

Reihe 4: 1 re.
#*2 li – 1abhFv*.
Von * bis * insgesamt 7(7)8(8)-mal str - 1 li.
1abhFv – 2 li. Von * bis * insgesamt 7(7)8(8)-mal str# - 1abhFv.
Von # bis # wdh. Enden mit 1 re.

Mit B str.
Reihe 5: 1 re.
#*1 re – 1abhFh – 1 re*.
Von * bis * insgesamt 7(7)8(8)-mal str - 1 re#.
Von # bis # insgesamt 4-mal str.

Reihe 6: 1 re.
#*1 li – 1abhFv – 1 li*.
Von * bis * insgesamt 7(7)8(8)-mal str. 1li#.
Von # bis # insgesamt 3-mal str.
Wieder von * bis * 7(7)8(8)-mal str - 1 re.

Mit A str.
Reihe 7: Wie Reihe 1.
Reihe 8: Wie Reihe 2.
Mit B str.
Reihe 9: Wie Reihe 3.
Reihe 10: Wie Reihe 4.
Mit A str.
Reihe 11: Wie Reihe 5.
Reihe 12: Wie Reihe 6.

Reihe 1-12 insgesamt 4-mal str.
Die Arbeit misst 10 cm.

B mit C austauschen.
Mit A und C die Reihen 1 – 12 insgesamt 8(8)7(7)-mal str.
Die Arbeit misst insgesamt 29(29)27(27) cm.

C mit D austauschen.
Mit A und D die Reihen 1-12 insgesamt 4-mal str.
Reihe 1-6 str.
Die Arbeit misst insgesamt 40(40)38(38) cm.
Die Fäden abschneiden.

AUSSENRAHMEN RÜCKEN

Mit A und Nd 3 mm str.
104(104)99(99) neue M aus der rechten Seite des Rückens herausstr. In der letzten RückR vor den Zun beg und keine M aus den ersten 6 UmbruchR str.
Weiter über die M des Mittelteils str: 3(3)1(1) re – *2 re zus – 6 re*.
Von * bis * wdh.
Enden mit 2 re zus – 4(4)2(2) re = 78(78)88(88) M.
104(104)99(99) neue M aus der linken Seite des Rückens bis zu den letzten 6 UmbruchR str.
Es sind nun 286 M auf der Nd.

1 R über alle M re str.

Reihe 1 (HinR): 103(103)98(98) re – 1 neue re (s. Abk.) – 2 re – 1 neue re – 76(76)86(86) re – 1 neue re – 2 re – 1 neue re – 103(103)98(98) re.
Reihe 2: 290 re.
Reihe 3: 104(104)99(99) re – 1 neue re – 2 re – 1 neue re – 78(78)88(88) re – 1 neue re – 2 re – 1 neue re – 104(104)99(99) re.
Reihe 4: 294 re.

Weiterhin kraus rechts str, bis insgesamt 23(28)31(35) HinR mit Zun gestr sind = 378(398)410(426) M.
Mit einer RückR enden.
Den Faden in 2 m Länge abschneiden.

Die ersten 127(132)130(134) M auf einer HilfsNd stilllegen.
Die mittleren 124(134)150(158) M auf einer anderen HilfsNd stilllegen und auch die letzten 127(132)130(134) M auf einer eigenen Nd stilllegen.

MITTELTEIL VORNE

Genauso wie das MITTELTEIL RÜCKEN str.

AUSSENRAHMEN VORDERTEIL

Wie den AUSSENRAHMEN RÜCKEN str, bis insgesamt 23(28)31(35) HinR mit Zun gestr sind = 378(398)410(426) M.

In der letzten RückR für den Halsausschnitt abketten: 183(193)199(207) re – die mittleren 12 M abketten – 183(193)199(207) re (die 1. M ist bereits auf der Nd).

Die linke Körperhälfte zus str:
Die ersten 81(82)80(80) VorderteilM markieren.
Die letzten 81(82)80(80) RückenM wieder auf eine Nd 3 mm setzen.
Vorderteil und Rücken mit den Außenseiten aneinanderlegen.
Die gegenüberliegenden M mit

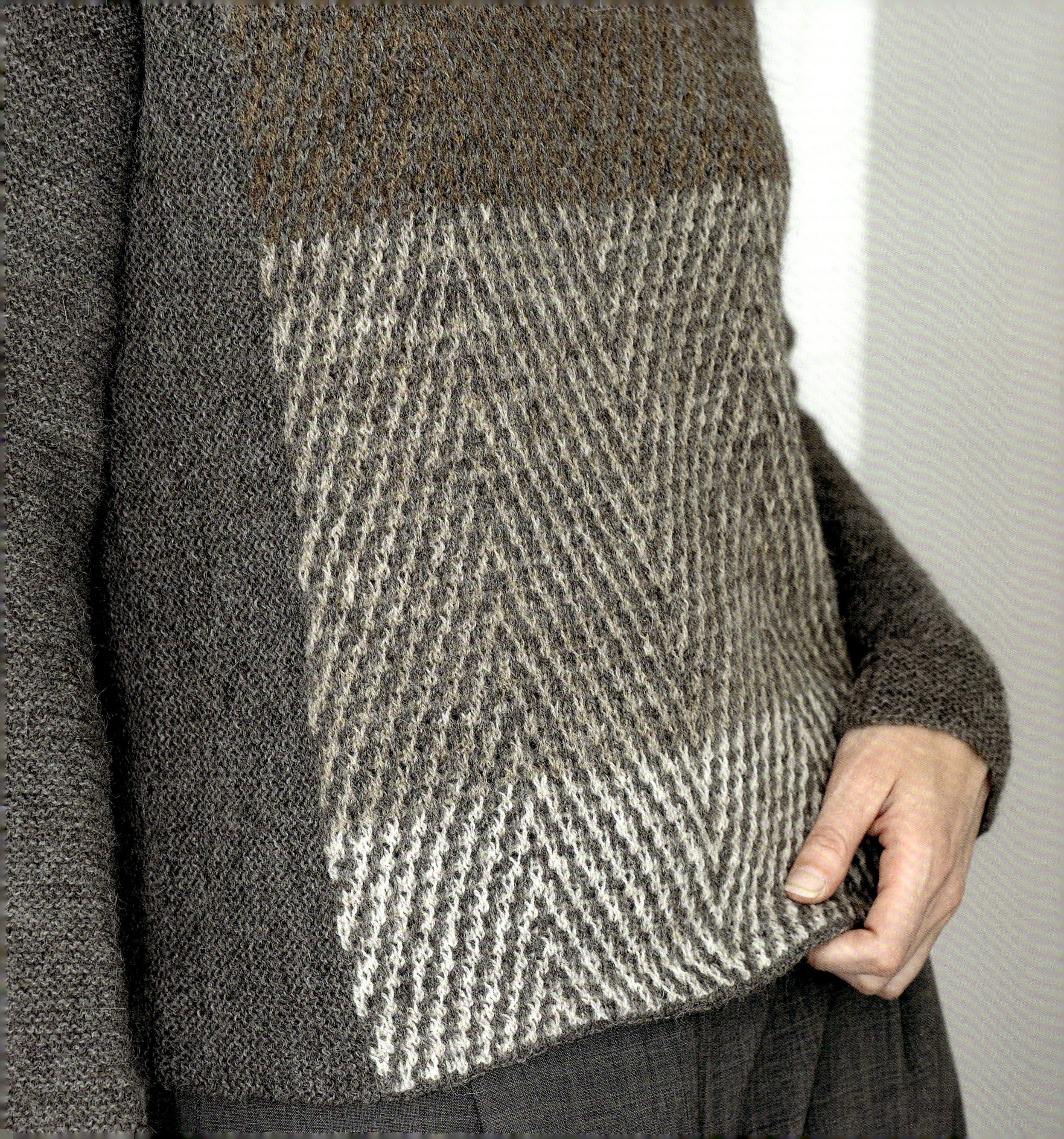

einer dritten Nd zus str und gleichzeitig diese 81(82)80(80) M abketten (= 3-needle-bind-off). Den Faden abschneiden.

Die rechte Körperhälfte zus str: Die ersten 81(82)80(80) RückenM wieder auf eine Nd 3 mm setzen.
Die letzten 81(82)80(80) VorderteilM markieren.
Vorderteil und Rücken mit den Außenseiten aneinanderlegen.
Mit dem 2 m langen Faden vom Rücken diese 81(82)80(80) M mit 3-needle-bind-off abketten.
Den Faden abschneiden.

An beiden Seiten des Vorderteils die nächsten 46(50)50(54) M für die Ärmel stilllegen.

PASSE

Die mittleren 124(134)150(158) RückenM wieder auf eine Nd 3 mm heben.
Die ersten M des Vorderteils auf die gleiche N heben ohne sie zu str und mit einer HinR nach den abgeketteten AusschnittM beg.
Ab hier über Vorderteil und Rücken in Reihen hin und her str.

Reihe 1 (HinR): Am rechten Vorderteil die ersten 4 M für den Ausschnitt abketten – 50(55)63(67) VorderteilM str (die 1. M ist bereits auf der Nd) – 2 re verschr zus str – eine Markierung setzen.
Die mittleren 124(134)150(158) RückenM str: 2 re zus – 120(130)146(154) re – 2 re verschr zus – eine Markierung setzen.
Über das linke Vorderteil weiter str: 2 re zus – 54(59)67(71) re.
Es sind nun 228(248)280(296) M auf der Nd.

Reihe 2: 4 M abketten – 49(54)62(66) re (die 1. M ist bereits auf der Nd) – 2 re verschr zus – 2 re zus – 18(128)144(152) re – 2 re verschr zus – 2 re zus – 49(54)62(66) re = 220(240)272(288) M.

Weitere Abn str: Vor den Markierungen 2 re verschr zus und nach den Markierungen 2 re zus str.
GLEICHZEITIG für den Halsausschnitt beidseitig noch 2-mal 3 M am Anfang jeder R abketten = 192(212)244(260) M.

Weiter str, die Abn an den Markierungen wdh und für den Halsausschnitt beidseitig noch 3-mal 2 M am Anfang jeder R abketten = 156(176)208(224) M.

Weiter str, die Abn an den Markierungen wdh und für den Halsausschnitt beidseitig noch 5(6)7(7)-mal 1 M am Anfang jeder R abketten = 106(116)138(154) M.

Keine weiteren M für den Halsausschnitt abketten, aber die Abn an den Markierungen in den nächsten 2(4)8(12) R wdh = 98(100)106(106) M.

Die mittleren 54(56)58(58) NackenM stilllegen.

RECHTE SCHULTER

Reihe 1 (HinR): 9(9)10(10) re – 2 re verschr zus – 2 re zus – 9(9)10(10) re. Die Arbeit wenden.
Reihe 2: 8(8)9(9) re str – 2 re verschr zus – 2 re zus – 8(8)9(9) re.
Reihe 3: 7(7)8(8) re str – 2 re verschr zus – 2 re zus – 7(7)8(8) re. Die Arbeit wenden.
Reihe 4: 6(6)7(7) re – 2 re verschr zus – 2 re zus – 6(6)7(7) re.
Auf diese Weise weiter str, bis noch 4 M übrig sind.
2 re zus – 2 re zus str.
Den Faden abschneiden und durch beide M ziehen.

LINKE SCHULTER

Am Nacken mit einer HinR beg.
Wie die rechte Schulter str.

HALSRAND

Mit Nd 2½ mm und A str.
In einer HinR die NackenM wie folgt str:
1(2)3(3) re – *2 re zus – 8 re*.
Von * bis * wdh.
Enden mit 2 re zus – 1(2)3(3) re = 48(50)52(52) M.
10(11)12(14) über die linke Schulter aus dem geraden Stück bis zu der Ausschnittrundung str.
22(23)24(24) neue M aus der Ausschnittrundung bis zu den 12 abgeketteten M str.
12 M aus den abgeketteten M str.
22(23)24(24) neue M aus der Ausschnittrundung bis zu dem geraden Stück str.
10(11)12(14) neue M bis zu den NackenM herausstr.
Es sind nun 124(130)136(140) M auf der Nd.
9 Reihen re hin und her str.
Alle M abketten.

ÄRMEL

Die 2 x 46(50)50(54) ÄrmelM von Vorderteil und Rücken auf eine Nd 3 mm setzen.
Der RdBeginn ist an der Seitennaht.

Mit A und Nd 3mm eine HinR str: 46(50)50(54) re – 2 neue M aus der Passe str – 46(50)50(54) re = 94(102)102(110) M.

3 Reihen re hin und her str.

Abn str: 45(49)49(53) re – 2 re verschr zus – eine Markierung setzen – 2 re zus – 45(49)49(53) re.

Kraus rechts weiter str und in jeder 10.(8.)8.(8.) R an jeder Seite der Markierung 1 M abn, bis noch 52(52)54(58) M auf der Nd sind.

Weiter str, bis der Ärmel 44(43)41(41) cm misst.
In der nächsten HinR alle M abketten.

Den rechten Ärmel genauso str.

FERTIGSTELLUNG

Den Umbruch an den Mittelteilen auf die Innenseite umlegen und annähen.
Die Ärmelnähte schließen.
Den Halsrand schließen. Alle Fäden vernähen.

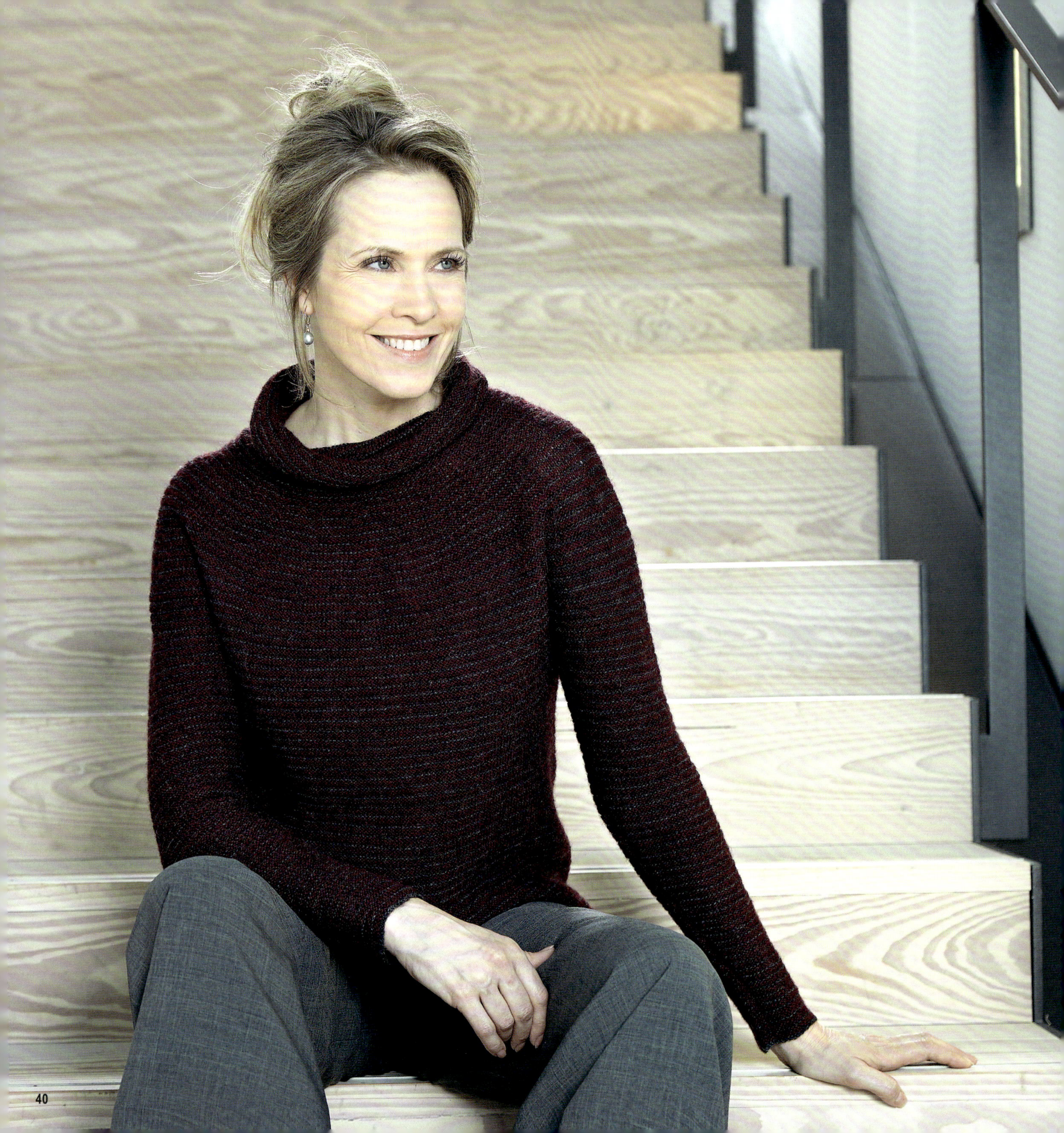

WEIN

Gr.: S(M)L(XL)

Halbe Oberweite: 47(51)56(60) cm
Länge ab Schulter: ca. 55(56)57(59) cm
Ärmellänge ab Armausschnitt: 44 cm

Material
A: 100g Isager Highland Farbe Charcoal
B: 200(250)250(250)g Isager Highland Farbe Wine

Rundnadel 40, 60 und 80 cm und Nadelspiel 3 mm

Maschenprobe glatt rechts: 10 cm = 28 M und 36 R
Maschenprobe im Muster: 10 cm = 28 M und 46 R

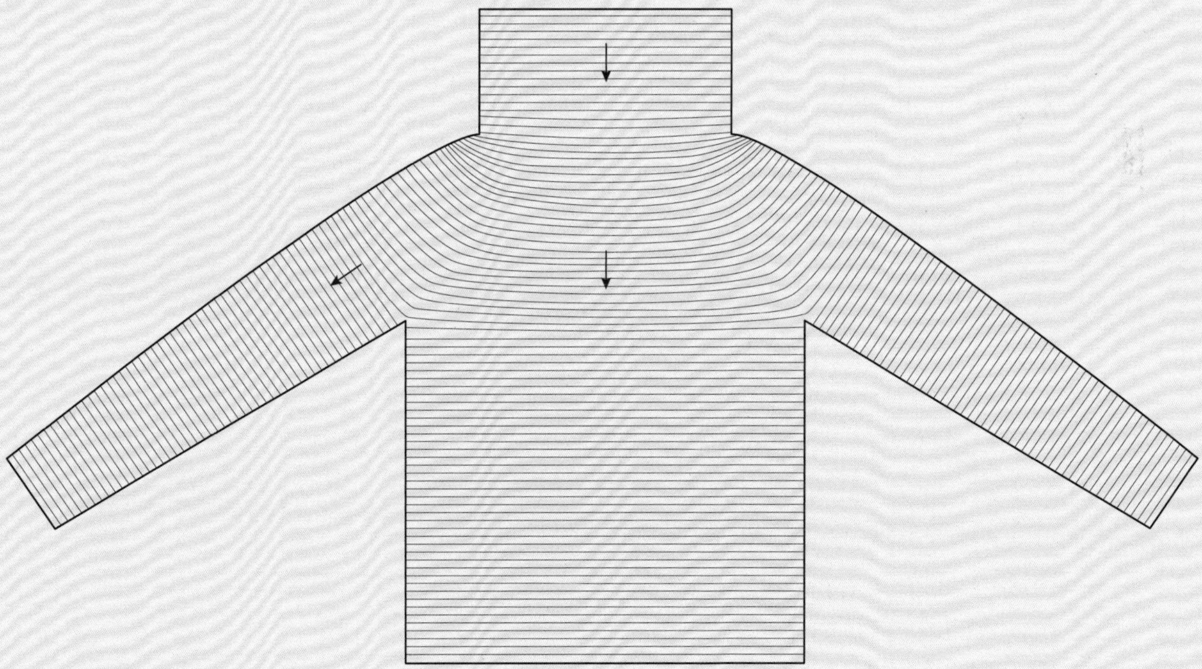

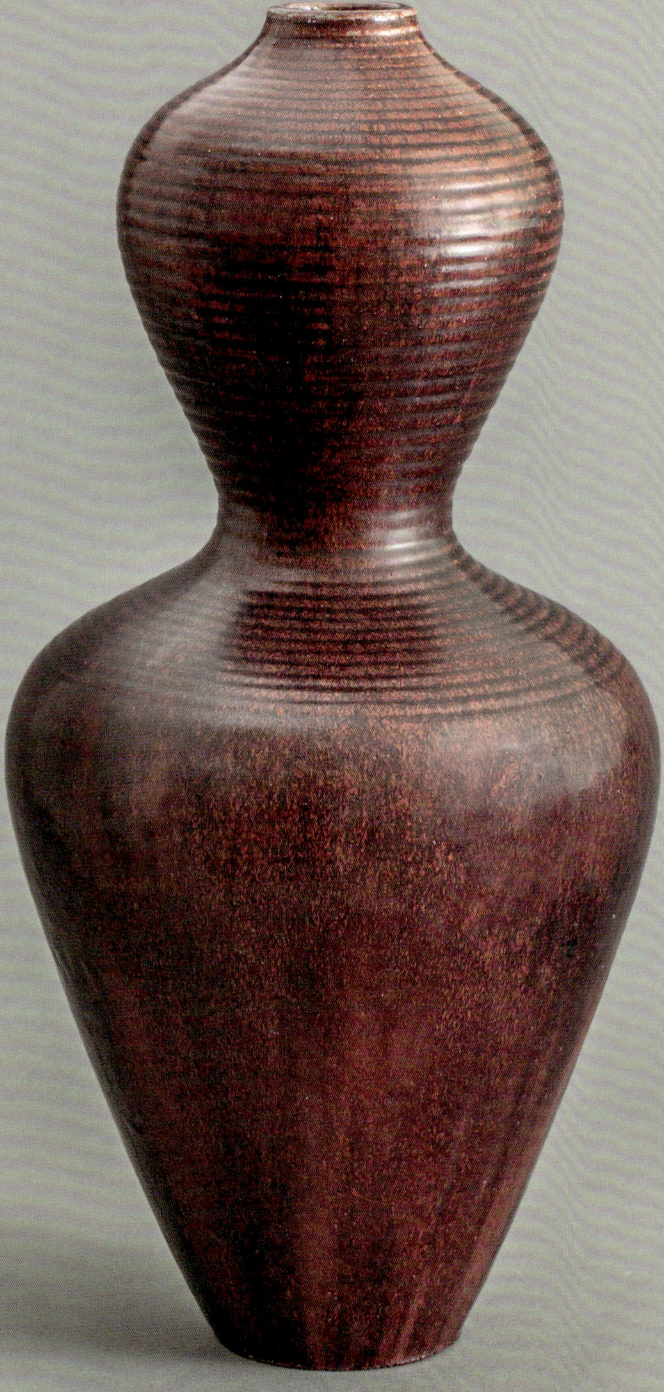

Axel Salto. Vase. Ca. 1938
Steingut mit Ochsenblut-Glasur. Höhe 53 cm.
Königliche Porzellanmanufaktur
CLAY – Keramikmuseum Dänemark

KRAGEN

Der Pullover wird in Runden und mit der Innenseite nach außen gestrickt, um das Stricken von linken M möglichst zu vermeiden. Zum Schluss wird der Pullover gewendet.
Beim Farbwechsel darauf ACHTEN, dass die Fäden an der Außenseite (der späteren Innenseite) geführt werden.

161(175)189(203) M mit A und Rundnadel 3 mm, 40 cm anschlagen.

Zur Runde schließen und im Streifenmuster str:
Zu B wechseln und 3 Rd re str.
Zu A wechseln und 1 Rd li str.

Insgesamt 80 Rd im Streifenmuster str.
Es sind insgesamt 21 A-Streifen gestr (inkl. Anschlag).
Mit B 1 Rd re str.
Der Kragen misst ca. 18 cm.

Abn str: *2 re zus – 5 re*.
Von * bis * wdh =
138(150)162(174) M.

7 Rd im Streifenmuster str.
Der Kragen misst ca. 20 cm.

PASSE

1. Zun str: *1 neue re (s. Abk.) – 6 re*.
Von * bis * wdh =
161(175)189(203) M.

3 Rd im Streifenmuster str.
2. Zun: *7 re – 1 neue re*.
Von * bis * wdh =
184(200)216(232) M.

3 Rd im Streifenmuster str.
3. Zun str: *1 neue re – 8 re*.
Von * bis * wdh =
207(225)243(261) M.

3 Rd im Streifenmuster str.
4. Zun: *9 re – 1 neue re*.
Von * bis * wdh =
230(250)270(290) M.

7 Rd im Streifenmuster str.
5. Zun str: *1 neue re – 10 re*.
Von * bis * wdh =
253(275)297(319) M.

7 Rd im Streifenmuster str.
6. Zun str: *11 re – 1 neue re*.
Von * bis * wdh =
276(300)324(348) M.

7 Rd im Streifenmuster str.
7. Zun str: *1 neue re – 12 re*.
Von * bis * wdh =
299(325)351(377) M.

7 Rd im Streifenmuster str.
8. Zun str: *13 re – 1 neue re*.
Von * bis * wdh * =
322(350)378(406) M.

7 Rd im Streifenmuster str.
9. Zun str: *1 neue re – 14 re*.
Von * bis * wdh =
345(375)405(435) M.

7(7)11(11) Rd im Streifenmuster str.
10. Zun str: *15 re – 1 neue re*.
Von * bis * wdh =
368(400)432(464) M.

19(23)23(27) Rd im Streifenmuster str.
Es sind insgesamt 43(44)45(46) A-Streifen (inkl. Anschlag) gestr.
Die letzte Rd ist eine Rd re mit B.
A abschneiden. Mit B weiter str.

TEILUNG

Die M auf Ärmel und Körper verteilen:
114(124)134(144) RückenM re str – die nächsten 70(76)82(88) ÄrmelM stilllegen – 18(20)22(24) neue M anschlagen -
114(124)134(144) VorderteilM re str – die nächsten 70(76)82(88) ÄrmelM stilllegen – 18(20)22(24) neue M anschlagen.

KÖRPER

Mit B 255(278)301(324) re str = Mitte unter dem Ärmel.
Hier eine Markierung für den neuen RdBeginn setzen.

Im Streifenmuster die 264(288)312(336) KörperM weiter str, bis die Arbeit nach der Teilung ca. 34 cm misst.
Nach einer Rd li mit A enden.

RAND

Mit B str: 1 Rd re – 1 Rd li – 1 Rd re – 1 Rd li – 1 Rd re.
Mit A str: 1 Rd li.
Diese 6 Rd insgesamt 3-mal str.
Alle M re abketten.

ÄRMEL

Die ÄrmelM auf ein Nadelspiel 3 mm setzen.

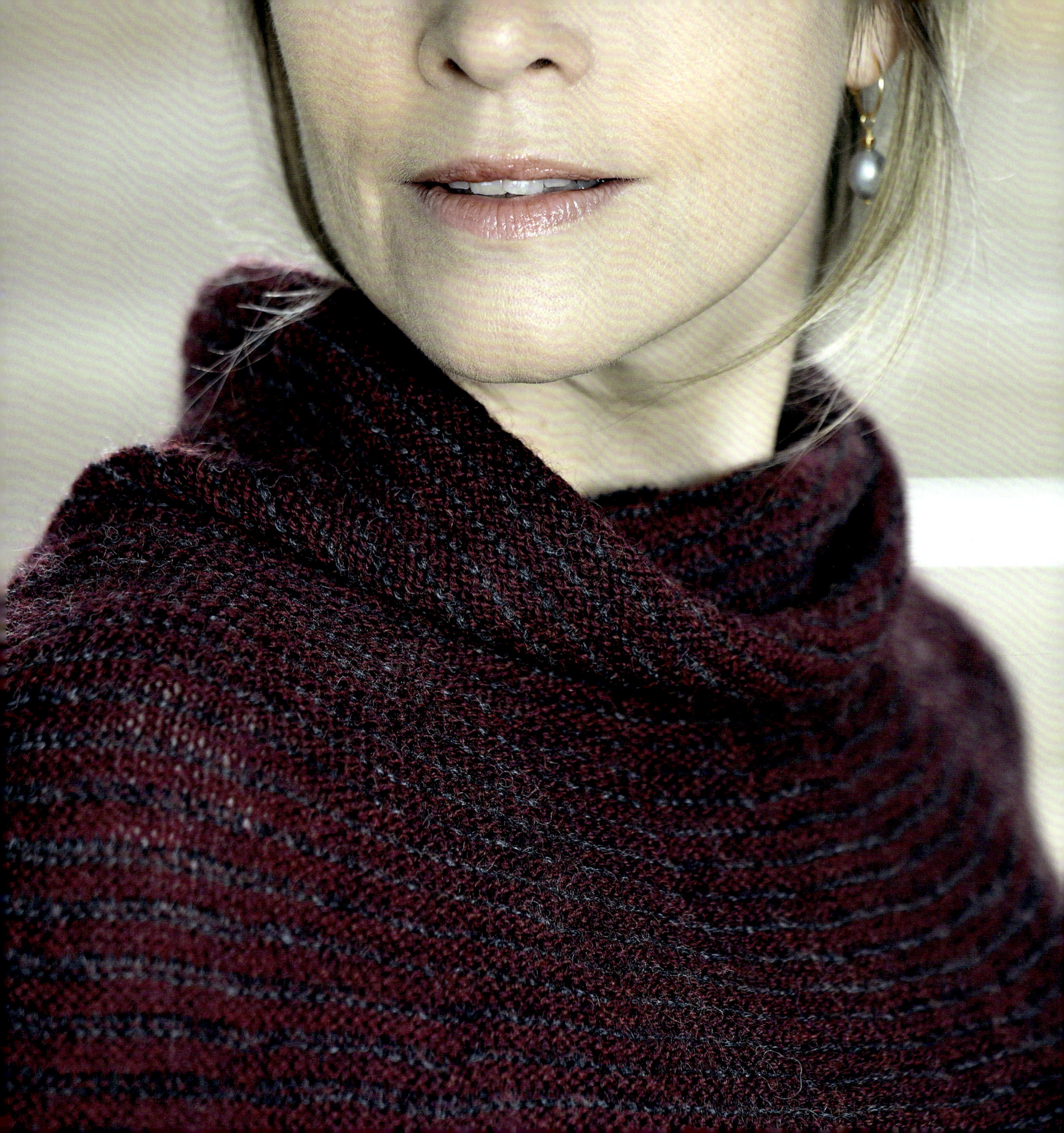

Da der Pullover zum Schluss gewendet wird, muss bei der Aufnahme neuer Maschen Folgendes beachtet werden:
Mit einer dünneren Nd 18(20)22(24) M aus der AnschlagR unter den Ärmeln aufnehmen (nicht aufstricken).
Mit Nd 3 mm und B str: 18(20)22(24) re über die aufgenommenen M stricken.
Von der Rückseite der Arbeit 1 neue M aus dem Übergang zu den ÄrmelM str.
Die 70(76)82(88) ÄrmelM re str.
Von der Rückseite der Arbeit 1 neue M aus dem Übergang zu den neuen M str.
9(10)11(12) re = Mitte unter dem Ärmel.
Hier eine Markierung für den neuen RdBeginn setzen.

Es sind insgesamt 90(98)106(114) M auf der Nd.
1 Rd re mit B str.
1 Rd li mit A str.

Noch 5 Rd im Streifenmuster str.

Abn str: 1 re – 2 re zus – bis zu den 3 letzten M str – 2 re verschr zus – 1 re.

Die Abn in jeder 9.(8.)8.(6.) Rd wdh.

Gr. S:
Am Beginn und Ende einer Rd mit A die Abn mit 2 li zus str.

Alle Gr.:
Die Abn wdh, bis 52(54)60(60) M auf der Nd sind.
Weiter str, bis der Ärmel ab Armausschnitt ca. 41 cm misst.

Nach einer linken Rd mit A enden.
Einen RAND wie am Körper str.

Den zweiten Ärmel genauso str.

FERTIGSTELLUNG

Den Pullover wenden, sodass die richtige Seite außen liegt.
Alle Fäden vernähen.

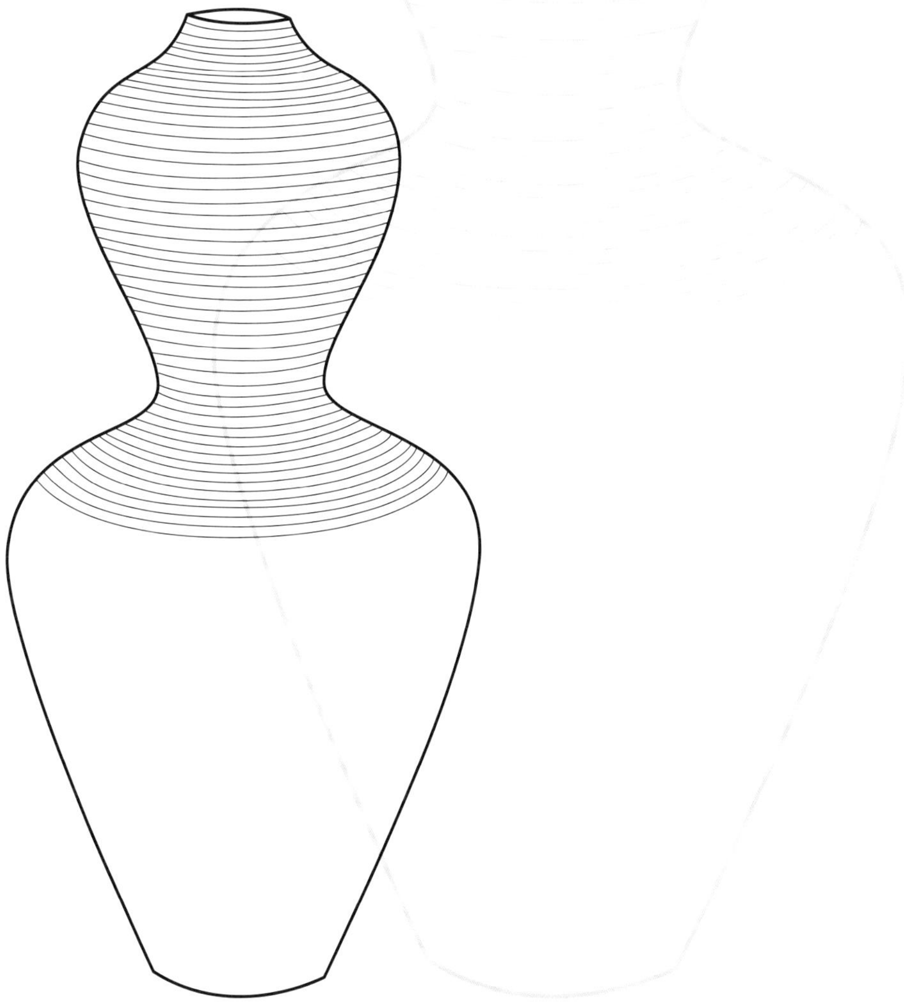

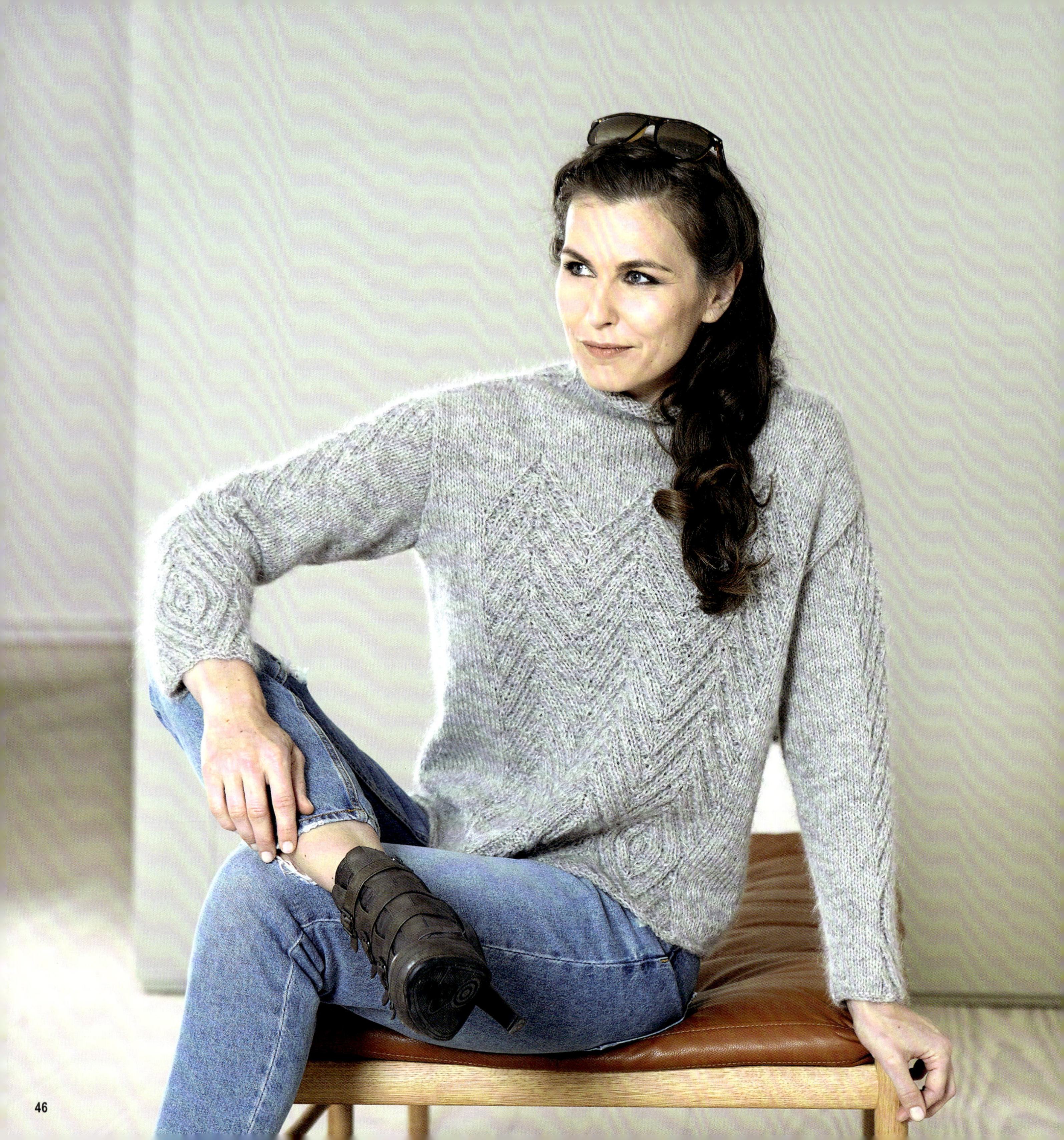

FEDER

Gr.: S(M)L(XL)

Halbe Oberweite: 52(56)61(64) cm
Länge: 57(59)61(61) cm
Ärmellänge ab Armausschnitt: 42(40)38(36) cm

Material
125(125)150(150)g Isager Silk Mohair Farbe 0
400(400)450(450)g Isager Jensen Yarn Farbe 3s
Mit je 1 Faden beider Qualitäten stricken

Rundnadeln 4 und 4½ mm, Nadelspiel 4½ mm

Maschenprobe glatt rechts mit Nd 4½ mm: 10 cm = 17 M und 24 R
Maschenprobe im Muster mit Nd 4½ mm: 10 cm = 20 M und 24 R

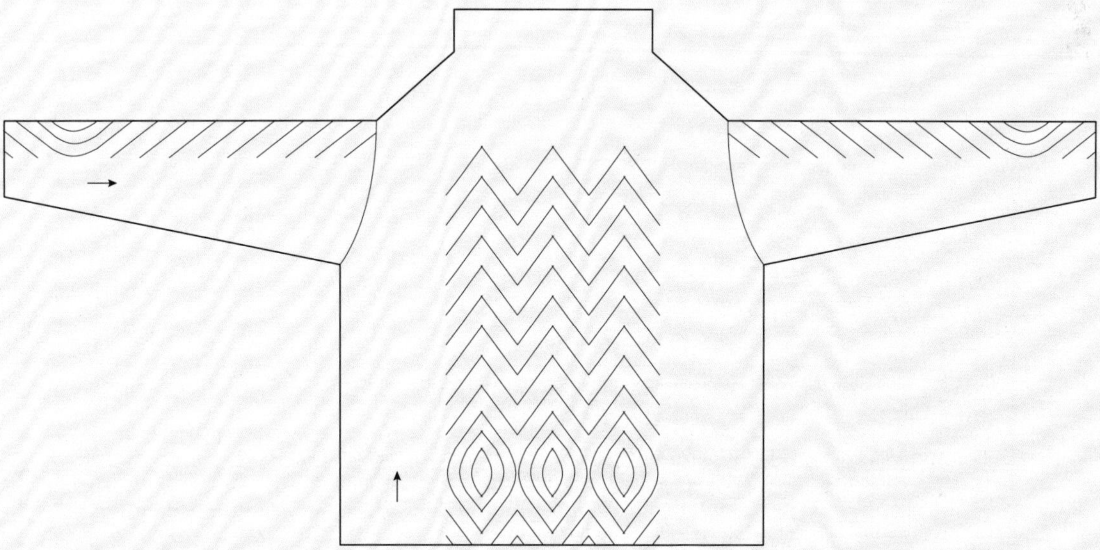

Axel Salto. Schale. Ohne Jahresangabe.
Steingut mit Gundestrup-Glasur. Durchmesser 14 cm.
Königliche Porzellanmanufaktur
CLAY – Keramikmuseum Dänemark

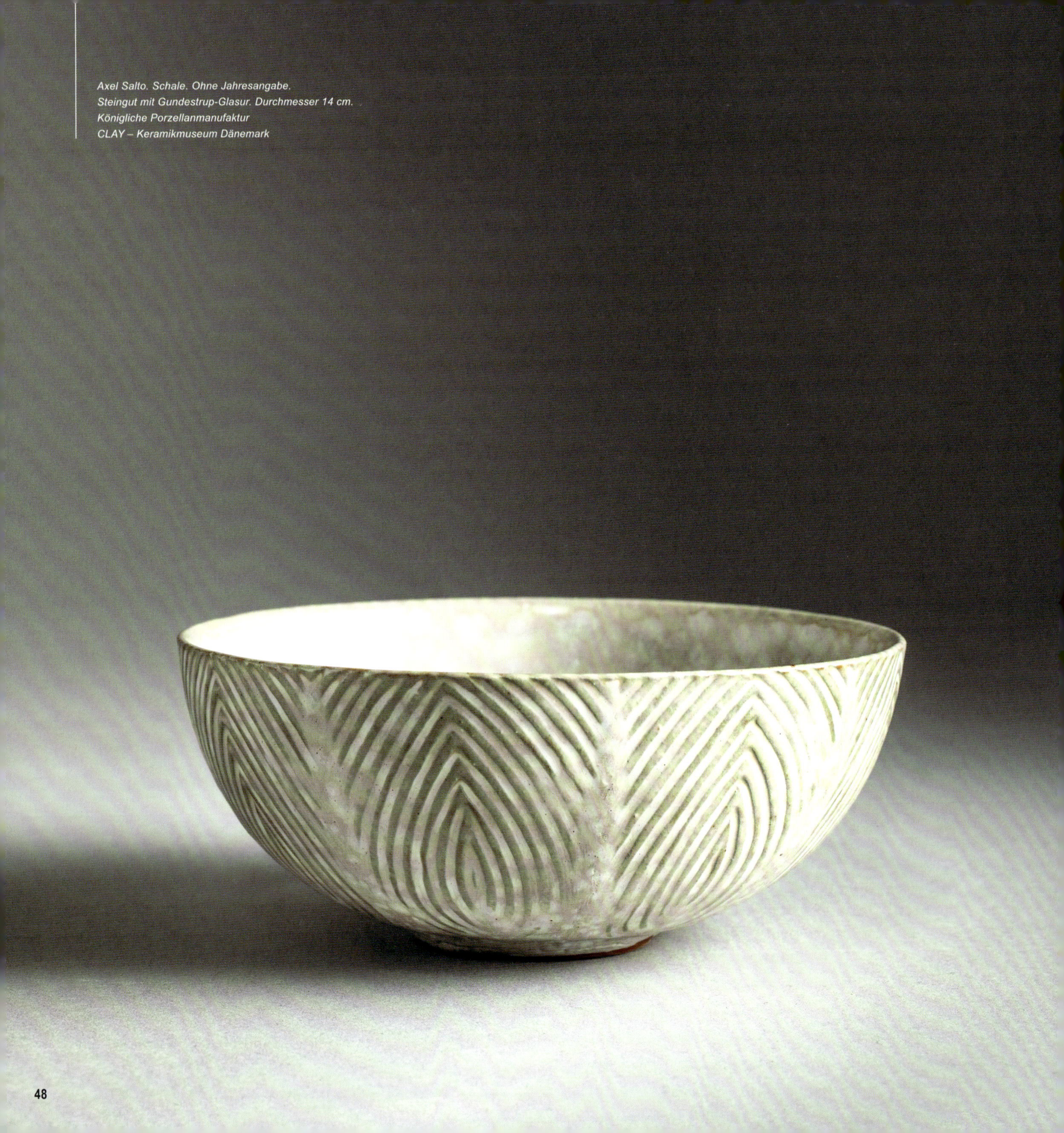

KÖRPER

196(208)224(236) M mit beiden Qualitäten und Nd 4 mm anschlagen.
1 R re str = RückR.

Zu Nd 4½ mm wechseln, die Arbeit zur Rd schließen und im Muster str:
Runde 1: 19(22)26(29) re – die 1. DiagrammR 3-mal str – 38(44)52(58) re – die 1. DiagrammR 3-mal str – 19(22)26(29) re.
Runde 2: 19(22)26(29) re – die 2. DiagrammR 3-mal str – 38(44)52(58) re – die 2. DiagrammR 3-mal str – 19(22)26(29) re.

Bis einschl. zur 22. DiagrammR weiter str.
Danach fortlaufend die 23. – 30. DiagrammR wdh, bis die Arbeit 36 cm misst.
Mit einer 30. DiagrammR enden.

RÜCKEN

Reihe 1: 19(22)26(29) re – 23. DiagrammR 3-mal str – 19(22)26(29) re – 2(3)3(4) M abketten – 17(19)23(25) re str (die 1. M ist bereits auf der Nd) – 23. DiagrammR 3-mal str – 19(22)26(29) re. Wenden.

Reihe 2 (RückR): 2(3)3(4) M abketten – 17(19)23(25) li (die 1. M ist bereits auf der Nd) – 24. DiagrammR 3-mal str – 17(19)23(25) li.

Die VorderteilM stilllegen.

Für die Armausschnitte abketten wie unten beschrieben und mit der 25. - 52. DiagrammR weiter str:

Gr. (M)L(XL):
Beidseitig am Anfang der R 1-mal 2 M abketten = (94)102(106) M.

Alle Gr.:
Beidseitig am Anfang der R 7(7)9(9)-mal 1 M abketten = 80(80)84(88) M.
Der Armausschnitt misst 7(8)9(9) cm.

Ohne Abketten bis einschl. der 52. DiagrammR weiter str.

6(10)14(14) R glatt re str.
Die Fäden abschneiden.

VORDERTEIL

Die 98(104)112(118) VorderteilM wieder auf eine Nd setzen.
Das Muster wie am Rücken str.

Beidseitig am Anfang jeder R 1(2)2(3)-mal 2 M abketten = 94(96)104(106) M.

Beidseitig am Anfang jeder R 7(8)10(9)-mal 1 M abketten = 80(80)84(88) M.
Ohne Abketten bis einschl. der 52. DiagrammR str.

6(10)14(14) R glatt re str.
Die Fäden nicht abschneiden.

PASSE

Eine HinR über das Vorderteil str: *1 li – 2 re zus – re str, bis noch 3 M auf der Nd sind – 2 re verschr zus – 1 li*.
Über den Rücken von * bis * noch einmal str.
Es sind nun insgesamt 156(156)164(172) M auf der Nd.
Zur Runde schließen.
Die Abn in jeder Rd wdh, bis insgesamt 19(19)29(21) Rd gestr sind = 84(84)88(92) M.
10 Rd re str.
Die Strickarbeit wenden.
1 RückR re str.
Alle M re abketten.

ÄRMEL

40(42)46(46) M mit beiden Qualitäten und Nd 4 mm anschlagen.
1 RückR re str.

Zu Nd 4½ mm wechseln, die Strickarbeit zur Runde schließen und im Muster str:
Runde 1: 10(11)13(13) re – 1. DiagrammR – 10(11)13(13) re.
Runde 2: 10(11)13(13) re – 2. DiagrammR – 10(11)13(13) re.

Laut Diagramm fortsetzen, bis insgesamt 12(12)8(8) Rd gestr sind.

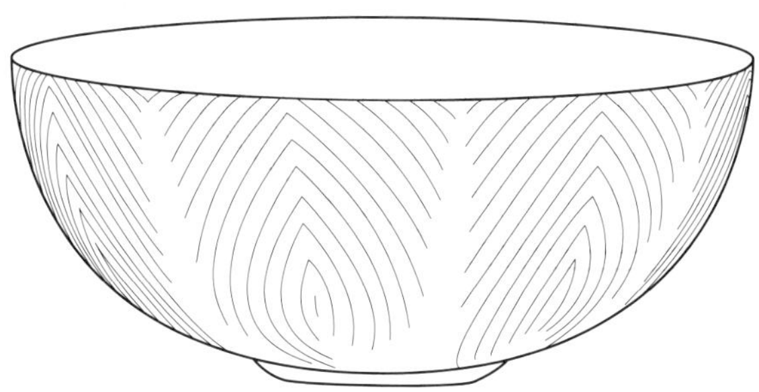

Laut Diagramm fortsetzen und gleichzeitig Zun str:
1 re – 1 neue re (s. Abk.) – im Muster str, bis noch 1 M auf der Nd ist – 1 neue re – 1 re.
Die neuen M re str.
Die Zun in jeder 7.(6.)5.(5.) Rd wdh, bis 66(72)78(78) M auf der Nd sind.

Nach der 30. DiagrammR die 23. – 30. DiagrammR fortlaufend wdh, bis der Ärmel ca. 42(40)38(36) cm misst.
Nach einer geraden DiagrammR enden.

Im Muster weiter str und gleichzeitig die Armkugel str: 5 M abketten – im Muster zu Ende str. Wenden.
Am Anfang der RückR 5 M abketten – im Muster zu Ende str = 56(62)68(68) M.

Das Muster in Reihen hin und her str.
Beidseitig am Anfang der R 6(7)8(8)-mal 3 M abketten = 20 M.
Die letzten M abketten.

Den zweiten Ärmel genauso str.

FERTIGSTELLUNG

Die Ärmel mit Nadeln in die Armausschnitte heften und von außen mit dem Matratzenstich einnähen.
Alle Fäden vernähen.

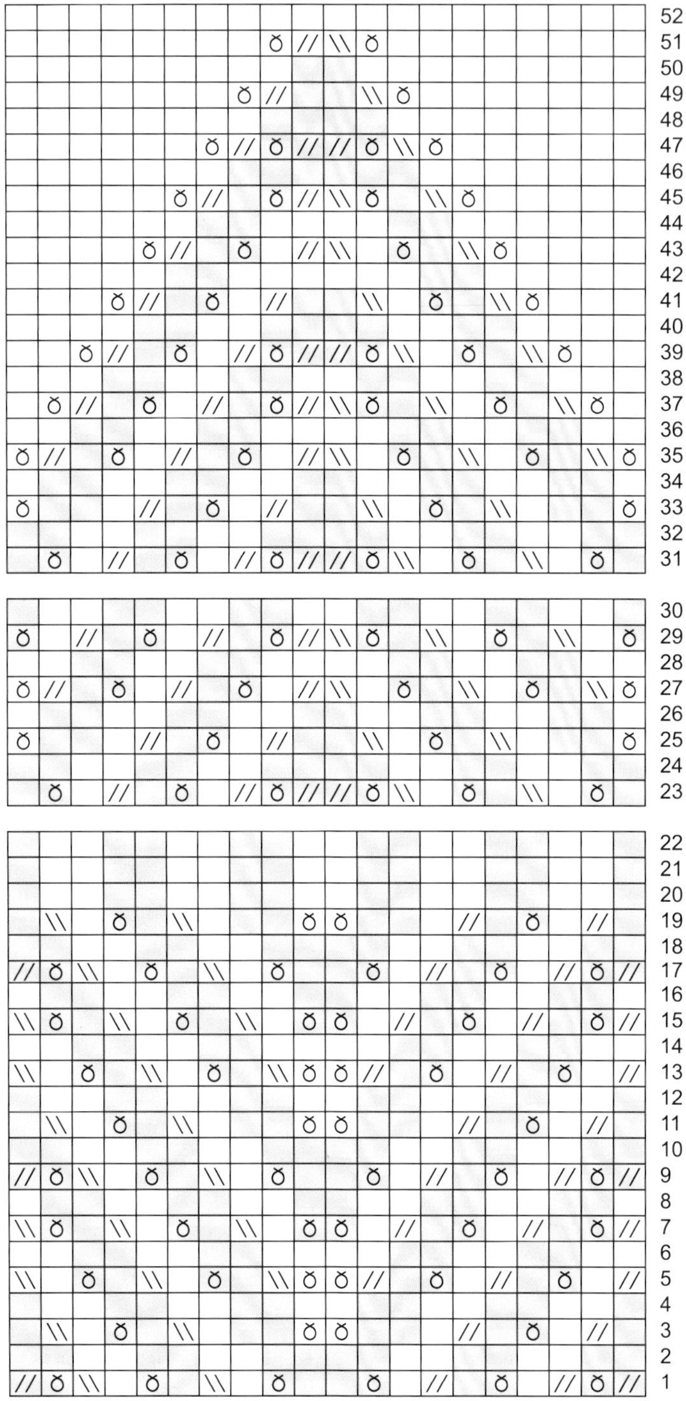

DIAGRAMM

☐ = rechts

☐ = links

// = 2 re zus

\\ = 2 re verschr zus

// = 2 li zus

ŏ = 1 neue re (s. Abk.)

ŏ = 1 neue li (s. Abk.)

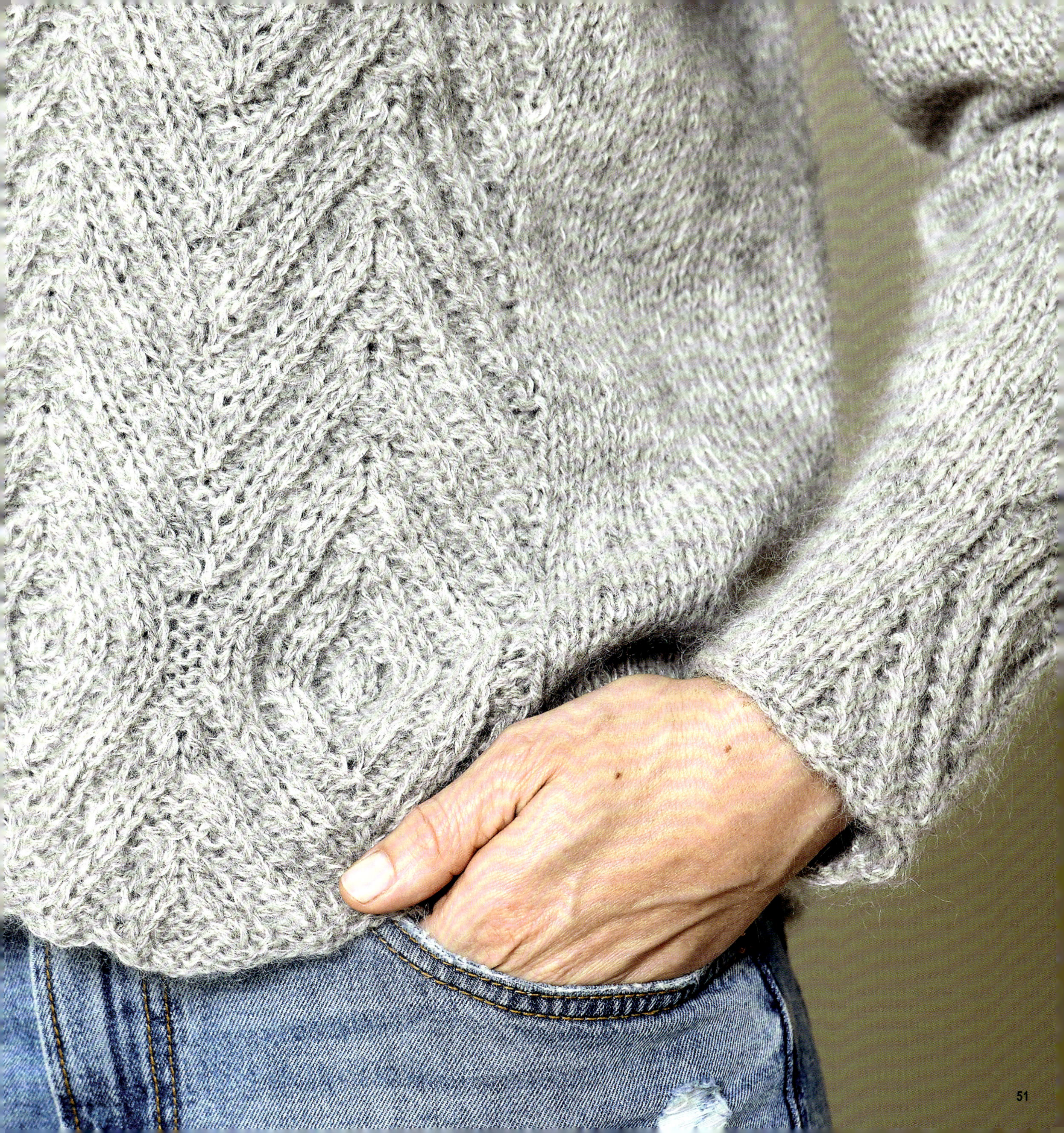

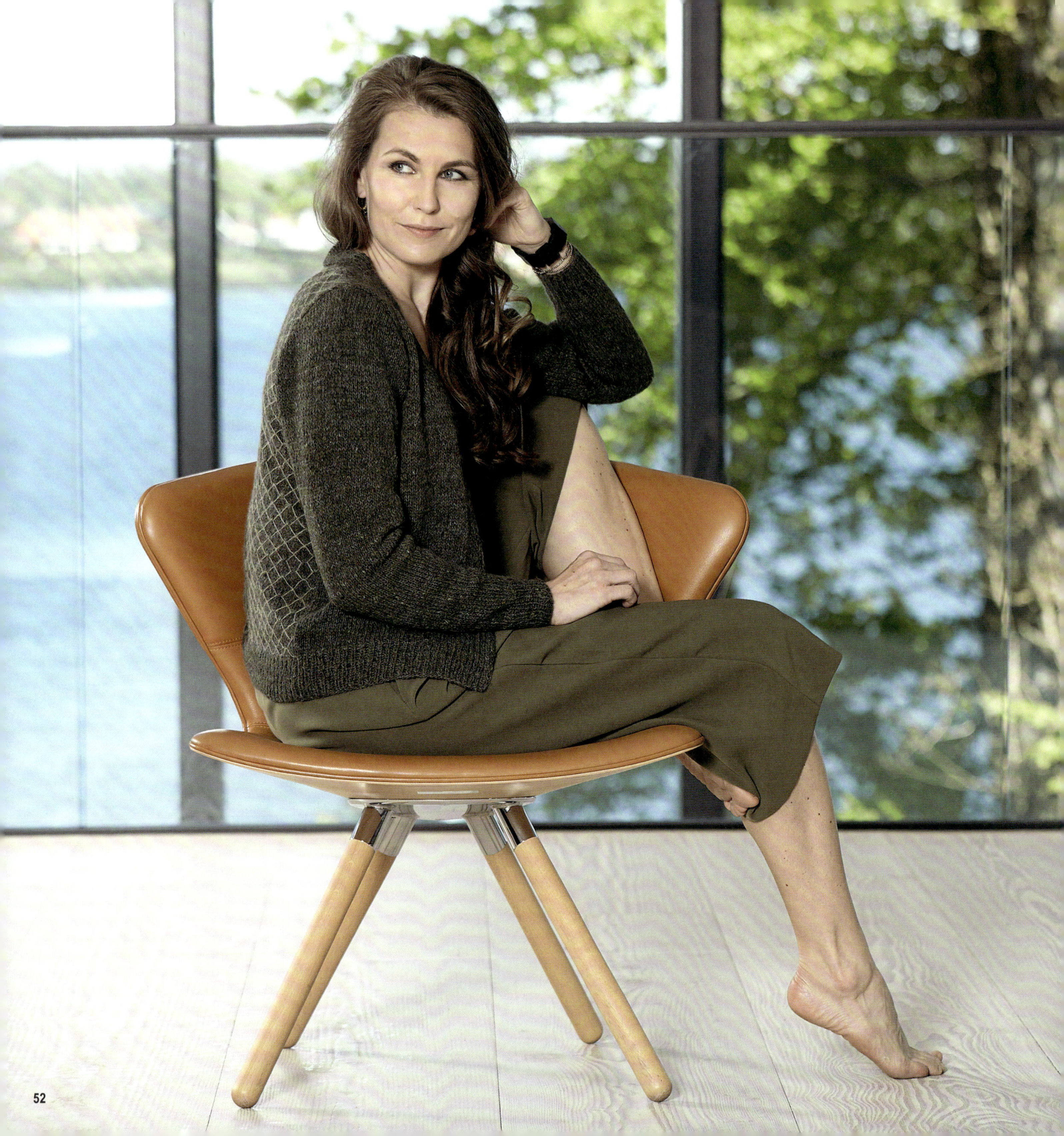

GRASHALM

Gr.: S(M)L(XL)

Rückenbreite: 50(53)55(59) cm
Länge: 56(57)59(60) cm
Ärmellänge ab Armausschnitt: 43(43)42(42) cm

Material
A: 250(250)250(300)g Isager Tweed Farbe Bottle Green
B: 150(150)150(200)g Isager Alpaca 1 Farbe Forest
C: 50g Isager Alpaca 1 Farbe Thyme
A + B zusammen verstricken

Rundnadeln 3½ und 4 mm

5 Knöpfe

Maschenprobe glatt rechts mit Nd 4 mm und A + B: 10 cm = 20 M und 26 R
Maschenprobe im Muster mit Nd 4 mm und A + B: 10 cm = 20 M und 36 R

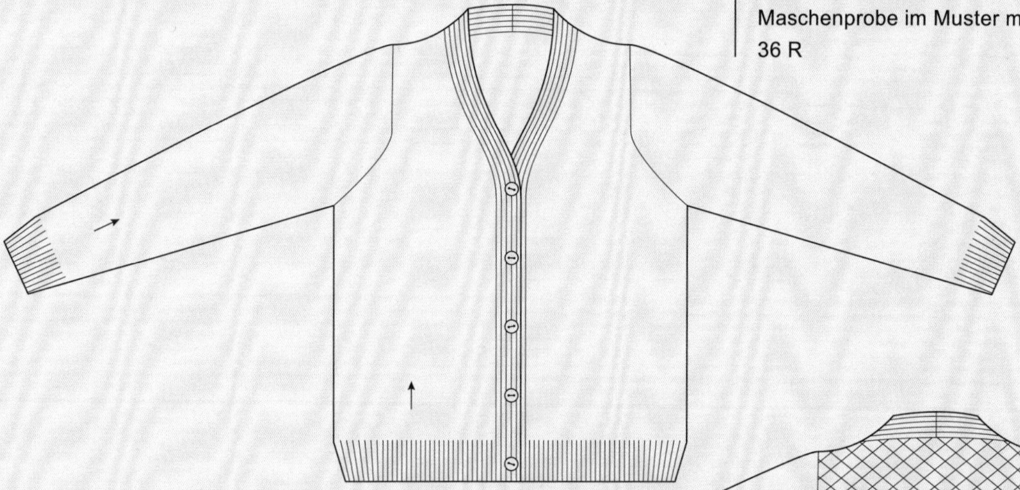

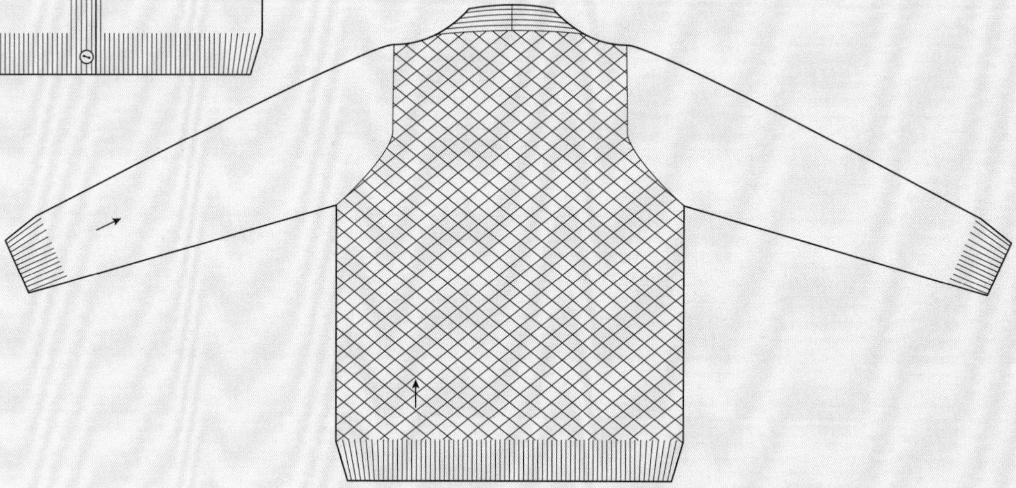

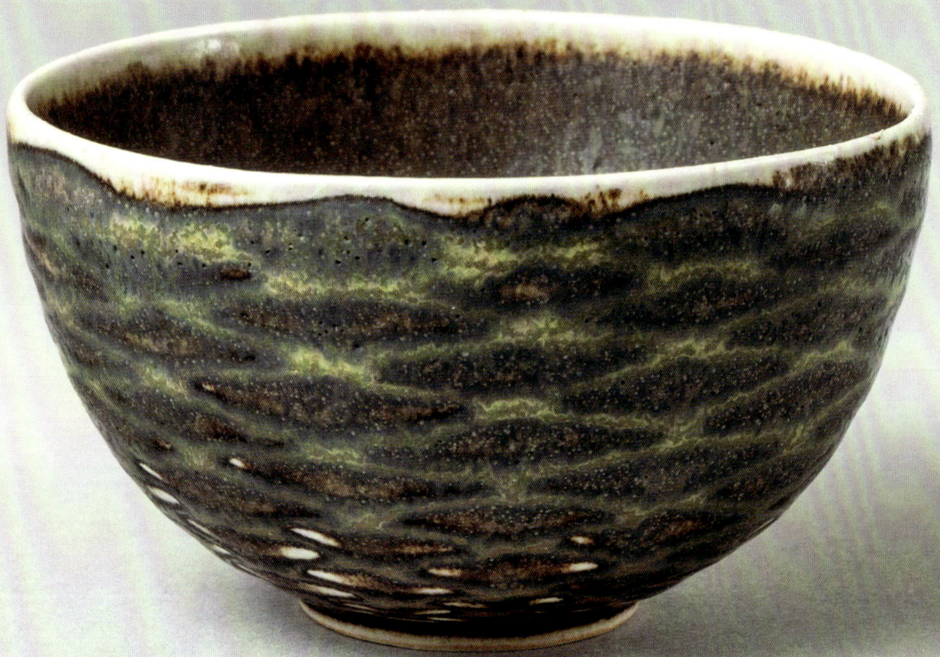

Axel Salto. Schale. Ohne Jahresangabe
Steingut Solfatara-Glasur. Durchmesser 9,5 cm.
Königliche Porzellanmanufaktur
CLAY – Keramikmuseum Dänemark

RÜCKEN

95(101)107(113) M mit A + B und Nd 3½ mm anschlagen. In Reihen hin und her str.

RAND
Reihe 1 (RückR): *1 re – 1 li*. Von * bis * wdh. Enden mit 1 re.
Reihe 2: 2 re – *1 li – 1 re*. Von * bis * wdh. Enden mit 1 re.
Reihe 1-2 wdh, bis insgesamt 17 R gestr sind.
Die letzte R ist eine Reihe 1.
Die Arbeit misst ca. 6 cm.

Zu Nd 4 mm wechseln.
Zun str (HinR): 10(13)16(19) re – *1 neue re (s. Abk.) – 25 re*. Von * bis * wdh. Enden mit 1 neue re – 10(13)16(19) re = 99(105)111(117) M.

Mit C str:
Vorbereitungs-Reihe (RückR): 1 re – *1 li – 5 M abh mit dem Faden **hinter** der Arbeit = 5abhFh (der Faden sollte nicht zu stramm sein)*.
Von * bis * wdh. Enden mit 1 li – 1 re.

Mit A + B str.
Reihe 1 (wieder eine RückR): 1 re – 97(103)109(115) li – 1 re.
Reihe 2: 99(105)111(117) re.
Reihe 3: 1 re – 97(103)109(115) li – 1 re.

Mit C str:
Reihe 4 (HinR): 1 re – 3 M abh mit dem Faden **vor** der Arbeit = 3abhFv – *1 re, dabei mit der rechten Nd unter den C-Faden aus der letzten C-Reihe stechen und mit der nächsten M zus str (= 1 **re** + C-Faden) – 5abhFv*.
Von * bis * wdh.
Enden mit 1 re + C-Faden – 3abhFv – 1 re.

Mit A + B str.
Reihe 5 (wieder eine HinR): 99(105)111(117) re.
Reihe 6: 1 re – 97(103)109(115) li – 1 re.
Reihe 7: 99(105)111(117) re.

Mit C str:
Reihe 8 (RückR): 1 re – *1 li, dabei den C-Faden aus der letzten C-Reihe auf die linke Nd heben und mit der nächsten M li zus str (= 1 **li** + C-Faden) – 5abhFh*. Von * bis * wdh.
Enden mit 1 li + C-Faden – 1 re.

Reihe 1-8 insgesamt 14-mal str.
Die Arbeit misst 37 cm.

An beiden Seiten für die Armausschnitte abketten:
Beim Abketten den Arbeitsfaden in C mitfassen.

Reihe 1-3: 2 M abketten – die R im Muster zu Ende str = 93(99)105(111) M.

Reihe 4 mit C ohne Abketten str: 2 re – *1 re + C-Faden – 5abhFv*.
Von * bis * wdh. Enden mit 1 re + C-Faden.

Reihe 5-7: 2 M abketten – im Muster zu Ende str = 87(93)99(105) M.

Reihe 8 mit C ohne Abketten str: 1 re – *1 li + C-Faden – 5abhFh*.
Von * bis * wdh. Enden mit 1 li + C-Faden – 1 re.

Die letzten Reihen 1 – 8 wdh = 75(81)87(93) M.

Reihe 9-11: 1 M abketten - im Muster zu Ende str = 72(78)84(90) M.

Reihe 12 mit C ohne Abketten str: 1 re – 2abhFh – *1 re + C-Faden – 5abhFv*. Von * bis * wdh.
Enden mit 1 re + C-Faden – 1abhFh – 1 re.

Reihe 13-15: 1 M abketten – im Muster zu Ende str = 69(75)81(87) M.

Reihe 16 ohne Abk mit C str: 1 re – 3abhFh – *1 li + C-Faden – 5abhFh*. Von * bis * wdh.
Enden mit 1 li + C-Faden – 3abhFh – 1 re.

Reihe 17-19: 1 M abketten – im Muster zu Ende str = 66(72)78(84) M.

Reihe 20 mit C ohne Abketten str: *1 re + C-Faden – 5abhFv*.
Von * bis * wdh.
Enden mit 1 re + C-Faden – 4abhFh – 1 re + C-Faden.

Reihe 21-23: 1 M abketten – im Muster zu Ende str = 63(69)75(81) M.

Reihe 24 mit C ohne Abketten str: 1 re – *1 li + C-Faden – 5abhFh*. Von * bis * wdh.
Enden mit 1 li + C-Faden – 1 re.

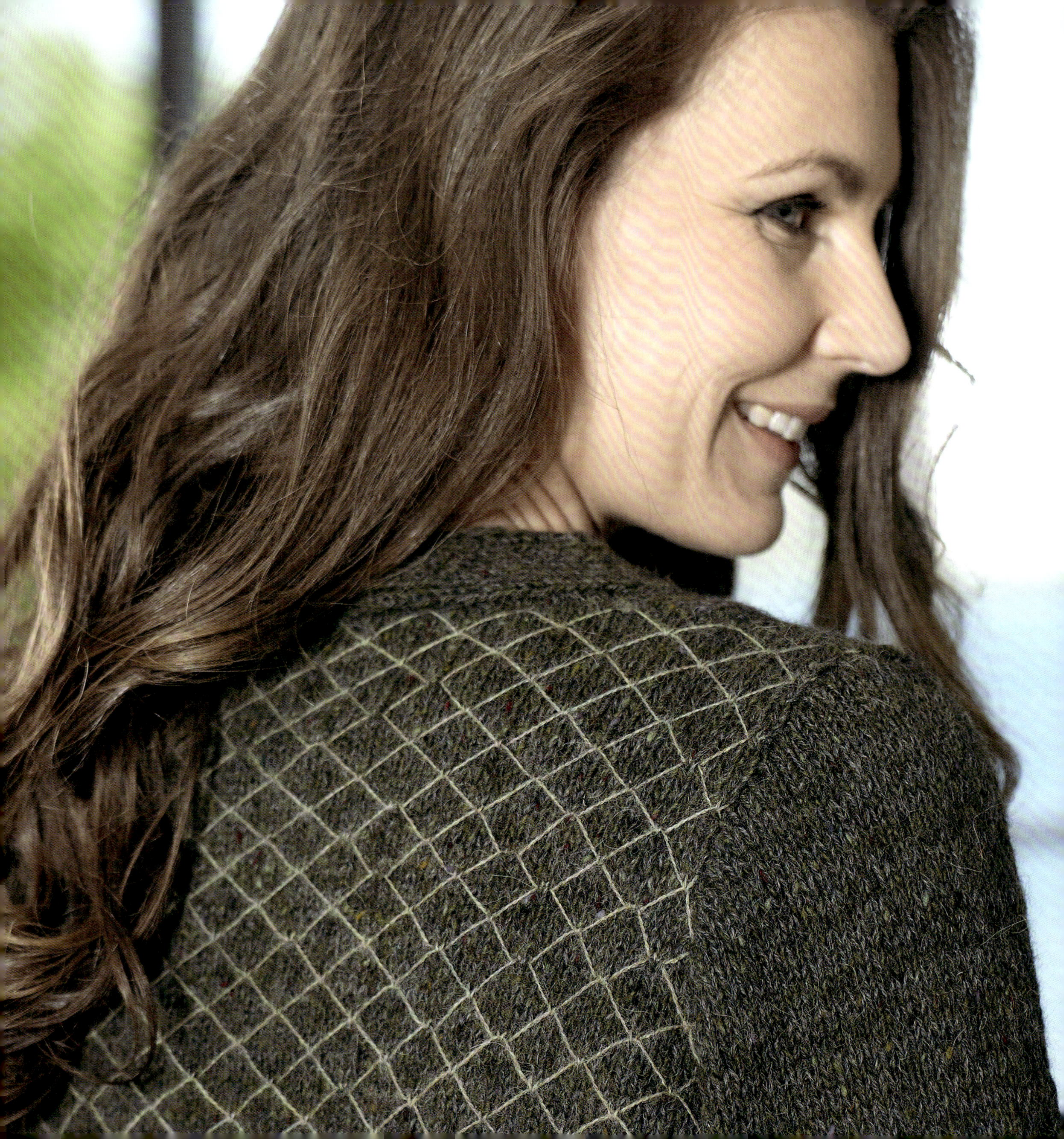

Gr. L(XL):
Noch einmal Reihe 9-16 str = 69(75) M.

Alle Gr.:
Ohne Abketten str.
31(35)35(39) MusterR str.
Nach 3 R mit A + B enden.

In der nächsten R mit C die Fäden auf die Rückseite der Arbeit legen, gleichzeitig wie bisher die C-Fäden mit einstr.
C abschneiden.

Vor dem Abketten die Schulter- und NackenM markieren:
14(16)16(18) M abzählen und eine Markierung setzen = Schulter.
35(37)37(39) M abzählen und eine Markierung setzen = Nacken.
14(16)16(18) M = 2. Schulter.

Alle M mit A + B abketten.
Die Fäden abschneiden.

LINKES VORDERTEIL

55(59)63(67) M mit A + B und Nd 3½ mm anschlagen.
In Reihen hin und her str.

RAND

Reihe 1 (RückR): 1abhFv – *1 re – 1 li*.
Von * bis * wdh. Enden mit 2 re.
Reihe 2: *1 re – 1 li*. Von * bis * wdh. Enden mit 1 re.
Reihe 1-2 wdh, bis insgesamt 17 R gestr sind.
Die letzte R ist eine Reihe 1.
Die Arbeit misst ca. 6 cm.

Zu Nd 4 mm wechseln.
Reihe 1 (HinR): 43(47)51(55) re – *1 li – 1 re*.
Von * bis * wdh.
Reihe 2: 1abhFv – *1 re – 1 li*.
Von * bis * insgesamt 6-mal str – 41(45)49(53) li – 1 re.
Reihe 1-2 wdh, bis 84 R gestr sind.
Die Arbeit misst ca. 37 cm.

Für den Armausschnitt abketten und GLEICHZEITIG Abn für den Halsausschnitt str:

Reihe 1 mit Abn (HinR):
3(3)4(4) M abketten – 38(42)45(49) re (die 1. M ist bereits auf der Nd) – 2 re verschr zus – *1 li – 1 re*.
Von * bis * wdh.
Reihe 2: 1abhFv – *1 re – 1 li*.
Von * bis * insgesamt 6-mal str – 37(41)44(48) li – 1 re.
Reihe 3: 2(2)3(3) M abketten – 37(41)43(47) re (die 1. M ist bereits auf der Nd) – *1 li – 1 re*. Von * bis * wdh.
Reihe 4: 1abhFv – *1 re – 1 li*. Von * bis * insgesamt 6-mal str – 35(39)41(45) li – 1 re = 49(53)55(59) M.

Reihe 5 mit Abn: 2 M abketten – 33(37)39(43) re (die 1. M ist bereits auf der Nd) – 2 re verschr zus – *1 li – 1 re*. Von * bis * wdh.
Reihe 6: 1abhFv – *1 re – 1 li*.
Von * bis * insgesamt 6-mal str – 32(36)38(42) li – 1 re.

Reihe 7 mit Abn: 2 M abketten – 30(34)36(40) re (die 1. M ist bereits auf der Nd) – 2 re verschr zus – *1 li – 1 re*.
Von * bis * wdh.
Reihe 8: 1abhFv – *1 re – 1 li*.
Von * bis * insgesamt 6-mal str – 29(33)35(39) li – 1 re = 43(47)49(53) M.

Reihe 9: 2 M abketten – 29(33)35(39) re (die 1. M ist bereits auf der Nd) – *1 li – 1 re*.
Von * bis * wdh.
Reihe 10: 1abhFv – *1 re – 1 li*.
Von * bis * insgesamt 6-mal str – 27(31)33(37) li – 1 re.

Reihe 11 mit Abn: 2 M abketten – 25(29)31(35) re (die 1. M ist bereits auf der Nd) – 2 re verschr zus – *1 li – 1 re*.
Von * bis * wdh.
Reihe 12: 1abhFv – *1 re – 1 li*. Von * bis * insgesamt 6-mal str – 24(28)30(34) li – 1 re = 38(42)44(48) M.

Die Abn für den Ausschnitt abwechselnd in jeder 2. und jeder 4. R wdh und GLEICHZEITIG 5(5)7(7)-mal am Anfang der HinR 1 M abketten = 30(34)32(36) M.

Nun keine weiteren M am Anfang der HinR abketten, aber die Abn für den Ausschnitt noch 4(5)3(5)–mal str = 27(29)29(31) M.

15(15)13(11) R ohne Abn str.

Für die Schulterschräge insgesamt 3(4)4(3)–mal am Anfang der HinR 3(4)4(4) M abketten = 18(13)13(19) M.

Gr. S(XL):
Einmal 5(6) M abketten = 13 M.

Alle Gr.:
Über die verbliebenen 13 NackenM 24(26)26(28) R 1 x 1 Rippen str.
Die Fäden abschneiden und die M stilllegen.

RECHTES VORDERTEIL

55(59)63(67) M mit A + B und Nd 3½ mm anschlagen.
In Reihen hin und her str.

RAND
Reihe 1 (RückR): 2 re – *1 li – 1 re*.
Von * bis * wdh. Enden mit 1 re.
Reihe 2: 1abhFv – *1 li – 1 re*.
Von * bis * wdh.
Reihe 1–2 wdh. Reihe 1 str = insgesamt 5 R.

Ein Knopfloch str (HinR):
1abhFv – 1 li – 1 re – 1 li – 2 re verschr zus – 2 neue M anschlagen – 2 li zus – 1 re – *1 li – 1 re*.
Von * bis * wdh.

Reihe 1–2 wdh, bis insgesamt 17 R gestr sind.
Die letzte R ist eine Reihe 1.
Die Arbeit misst ca. 6 cm.

Zu Nd 4 mm wechseln.
Reihe 1 (HinR): 1abhFv – *1 li – 1 re*.
Von * bis * insgesamt 6-mal str – 42(46)50(54) re.
Reihe 2: 1 re – 42(46)50(54) li – *1 re – 1 li*.
Von * bis * wdh. Enden mit 2 re.
Reihe 1-2 wdh, bis insgesamt 12 R gestr sind.

2. Knopfloch str (HinR): 1abhFv – 1 li – 1 re – 1 li – 2 re verschr zus – 2 neue M anschlagen – 2 li zus –1 re – 1 li – 1 re – 1 li – 43(47)51(55) re.

Im Muster weiter str.
Insgesamt 5 Knopflöcher in jeder 24. R str.

Nach ca. 37 cm für die Armausschnitte abketten und GLEICHZEITIG Abn für den Halsausschnitt str:

Reihe 1 (RückR): 3(3)4(4) M abketten – 38(42)45(49) li (die 1. M ist bereits auf der Nd) – 2 li zus – *1 re – 1 li*.
Von * bis * wdh. Enden mit 2 re.
Reihe 2: 1abhFv – *1 li – 1 re*.
Von * bis * insgesamt 6–mal str – 38(42)45(49) re.
Reihe 3: 2(2)3(3) M abketten – 37(41)43(47) li (die 1. M ist bereits auf der Nd) – *1 re – 1 li*.
Von * bis * wdh. Enden mit 2 re.
Reihe 4: 1abhFv – *1 li – 1 re*.
Von * bis * insgesamt 6–mal str – 36(40)42(46) re = 49(53)55(59) M.
Reihe 5: 2 M abketten – 33(37)39(43) li (die 1. M ist bereits auf der Nd) – 2 li zus – *1 re – 1 li*.
Von * bis * wdh. Enden mit 2 re.
Reihe 6: 1abhFv – *1 li – 1 re*.
Von * bis * insgesamt 6–mal str – 33(37)39(43) re.

Reihe 7: 2 M abketten – 30(34)36(40) li (die 1. M ist bereits auf der Nd) – 2 li zus – *1 re – 1 li*.
Von * bis * wdh. Enden mit 2 re.
Reihe 8: 1abhFv – *1 li – 1 re*. Von * bis * insgesamt 6–mal str – 30(34)36(40) re = 43(47)49(53) M.
Reihe 9: 2 M abketten – 29(33)35(39) li (die 1. M ist bereits auf der Nd) – *1 re – 1 li*.
Von * bis * wdh. Enden mit 2 re.
Reihe 10: 1abhFv – *1 li – 1 re*.
Von * bis * insgesamt 6–mal str – 28(32)34(38) re.
Reihe 11: 2 M abketten – 25(29)31(35) li (die 1. M ist bereits auf der Nd) – 2 li zus – *1 re – 1 li*.
Von * bis * wdh. Enden mit 2 re.
Reihe 12: 1abhFv – *1 li – 1 re*. Von * bis * insgesamt 6–mal str – 25(29)31(35) re = 38(42)44(48) M.

Die Abn für den Ausschnitt wdh und GLEICHZEITIG 5(5)7(7)–mal am Anfang der RückR 1 M abketten = 30(34)32(36) M.

Keine weiteren M am Anfang der RückR abketten, aber die Abn für den Ausschnitt noch 4(5)3(5)–mal str = 27(29)29(31) M.

15(15)13(11) R ohne Abn str.

Für die Schulterschräge insgesamt 3(4)4(3)–mal am Anfang der RückR 3(4)4(4) M abketten = 18(13)13(19) M.

Gr. S(XL):
Einmal 5(6) M abketten = 13 M.

Alle Gr.:
Über die verbliebenen 13 NackenM 23(25)25(27) R 1 x 1 Rippen str.
Die 13 M des anderen Vorderteils wieder auf eine Nd heben.
Die 2 x 13 M mit den Außenseiten aneinanderlegen und mit einer dritten Nd die gegenüberliegenden M zus str und gleichzeitig dabei abketten.
Die Fäden abschneiden.

ÄRMEL

40(44)46(50) M mit A + B und einem Nadelspiel 3½ mm anschlagen und zur Runde schließen.

17 Runden str: *1 re – 1 li*.
Von * bis * wdh.
Die Arbeit misst ca. 6 cm.

Zu einem Nadelspiel 4 mm wechseln.
Zun str (HinR): 11 re – 1 neue re – 18(22)24(28) re – 1 neue re – 11 re = 42(46)48(52) M.

4 Rd re str.
Zun str: 1 re – 1 neue re – 40(44)46(50) re – 1 neue re – 1 re = 44(48)50(54) M.

Die Zun in jeder 6.(6.)5.(5.) Rd wdh, bis 72(76)82(86) M auf der Nd sind.
Weiter str, bis der Ärmel 43(43)42(42) cm misst.

Für Armkugel abketten und in Reihen weiter str: 2 M abketten – 70(74)80(84) re. Wenden.
RückR: 2 M abketten und im Muster zu Ende str = 68(72)78(82) M.

Beidseitig noch 1(1)2(2)–mal

am Anfang der R 2 M abketten = 64(68)70(76) M.
5–mal am Anfang und Ende der HinR 2 re zus str = 54(58)60(64) M.

3 R glatt re ohne Abn str – in der nächsten HinR am Anfang und Ende 2 re zus str.

Von * bis * insgesamt 3–mal str = 48(52)54(58) M.
1 RückR str.

Noch 4-mal am Anfang und Ende jeder HinR 2 re zus str = 40(44)46(50) M.

Beidseitig 2(2)2(3)–mal am Anfang der R 2 M abketten = 32(36)38(38) M.
Beidseitig 2–mal am Anfang der R 3 M abketten = 20(24)26(26) M.
Beidseitig 1–mal am Anfang der R 4 M abketten = 12(16)18(18) M.

Die letzten M abketten.

Den zweiten Ärmel genauso str.

FERTIGSTELLUNG

Die Schulternähte von außen schließen.
Das Nackenband der Vorderteile an die mittleren 35(37)37(39) RückenM nähen.
Die Ärmel mit Nadeln in die Armausschnitte heften und von außen einnähen.
Alle Fäden vernähen und die Knöpfe annähen.

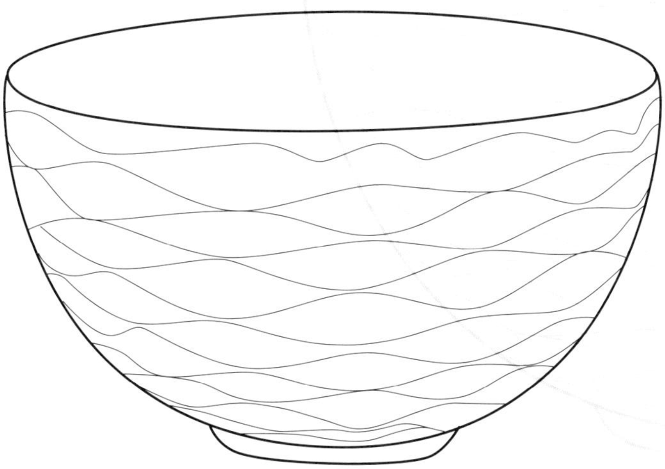

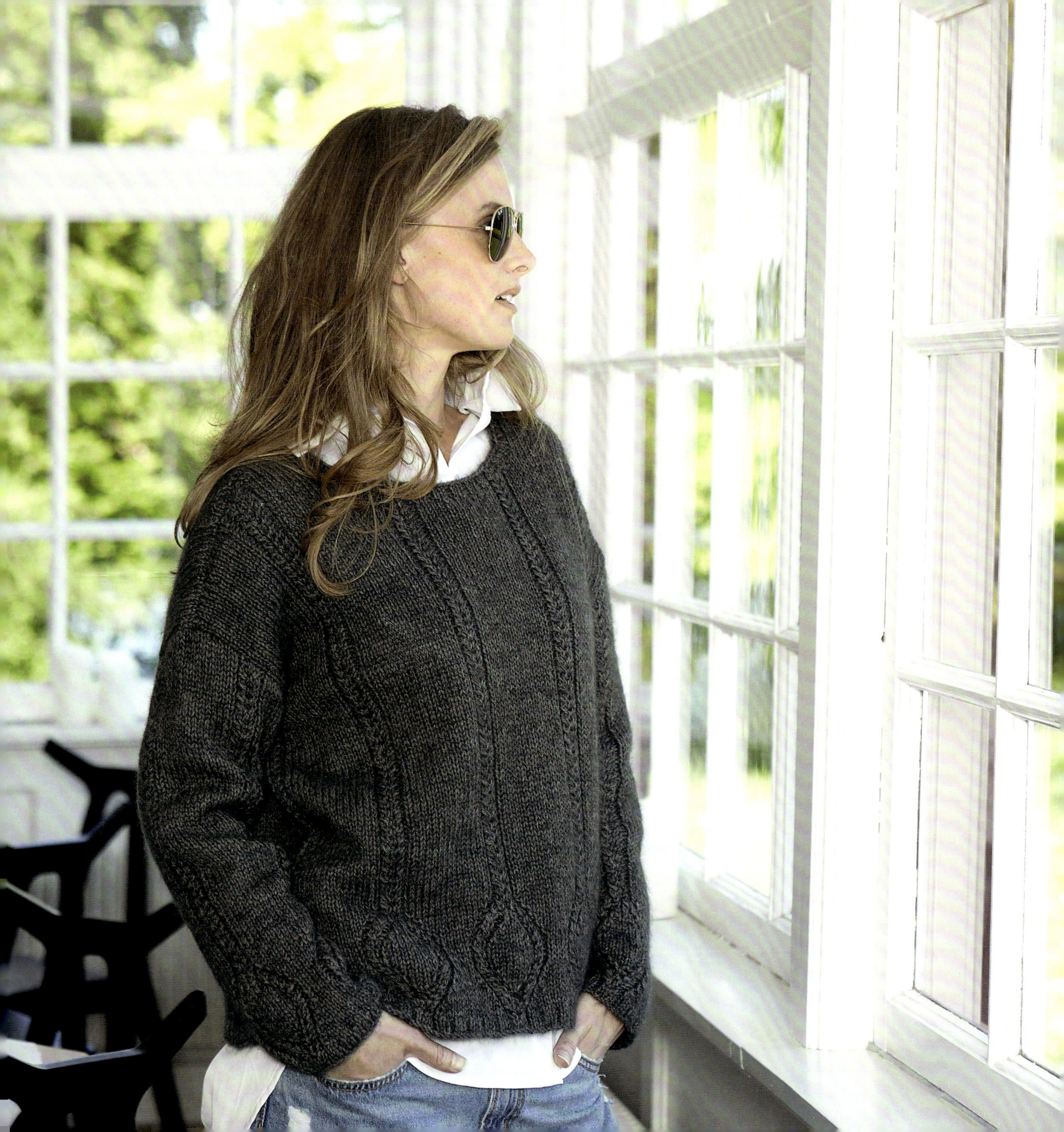

ZWIEBEL

Gr.: S/M(L/XL)

Halbe Oberweite: 54(63) cm
Länge: 60 cm
Ärmellänge ab Armausschnitt: 37(35) cm

Material

125(150)g Isager Silk Mohair Farbe 47
350(400)g Isager Jensen Yarn Farbe 23s
Mit je 1 Faden beider Qualitäten str

Rundnadeln und Nadelspiel 4½ mm

Maschenprobe glatt rechts: 10 cm = 17 M und 24 R

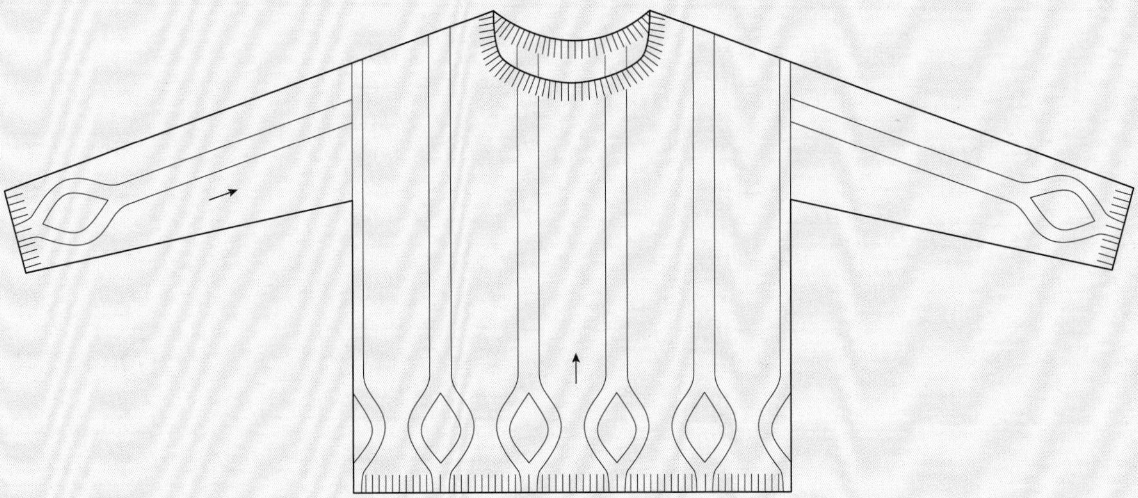

Axel Salto. Vase mit knospenden Zwiebeln. 1946
Steingut mit Blauschwarz-Glasur. Durchmesser 10,5 cm.
Königliche Porzellanmanufaktur
CLAY – Keramikmuseum Dänemark

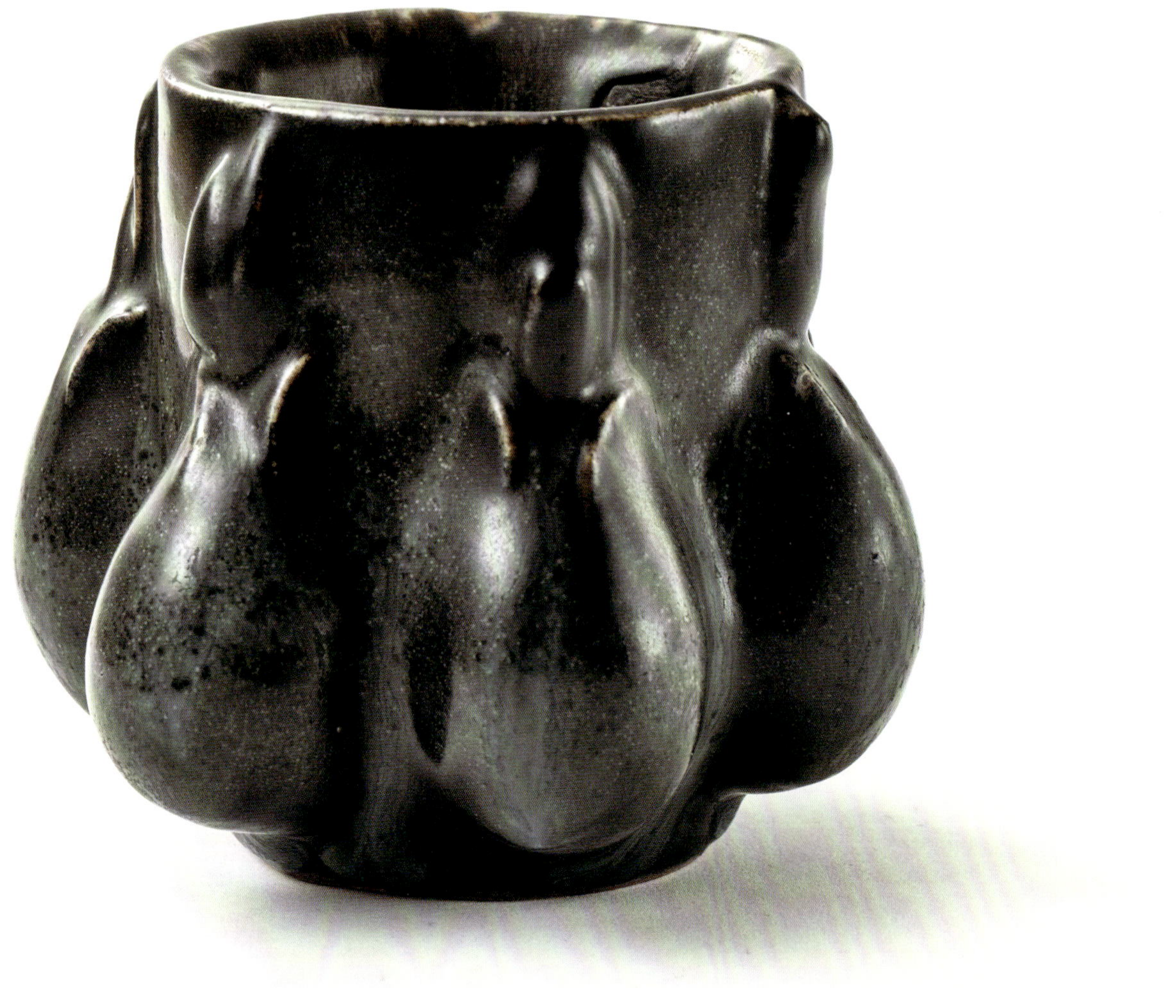

KÖRPER

190(228) M mit beiden Qualitäten und Nd 4½ mm anschlagen. Zur Rd schließen und laut Diagramm 1 str.

DiagrammR 1 – 30 str. Ab Rd 3 sind 200(240) M auf der Nd. Dann Reihe 29-30 fortlaufend wdh, bis die Arbeit ca. 35(33) cm misst.

In einer Rd 30 für die Armausschnitte abketten:
7 re – 6 M abketten – 94(114) M im Muster str – 6 M abketten – 94(114) M im Muster str.
Die letzten 7 M sind jetzt = die ersten 7 M der nächsten R.
Jedes Teil für sich fertig str und Rd 29-30 weiterhin wdh.
Die Fäden nicht abschneiden.

RÜCKEN

Mit einer RückR beg.
47(51) R im Muster str.
Die erste und letzte M in allen R re str.
Nach einer RückR enden.

Die Schulterschrägen und den Halsausschnitt str:
Das Muster so lange wie möglich weiter str.
Reihe 1: 44(54) M str. Wenden.
Reihe 2: Verschr U (s. Abk.) – 37(47) M str. Wenden.
Reihe 3: Verschr U – 33(41) M str. Wenden.
Reihe 4: Verschr U – 26(34) M str. Wenden.
Reihe 5: Verschr U – 20(30) M str. Wenden.
Reihe 6: Verschr U – 14(24) M str. Wenden.
Reihe 7: Verschr U – 11(20) M str. Wenden.
Reihe 8: KEIN U – 5(10) M str. Wenden.
Reihe 9: Verschr U – 5(10) M str. Wenden
Reihe 10 str: KEIN U – 5(10) M – den U mit der nächsten M li verschr zus str – 5(9) M – den U mit der nächsten M re verschr zus str – 5(5) M – den U mit der nächsten M li verschr zus str – 6(6) M – den U mit der nächsten M li verschr zus str – 6(6) M.
Die Fäden abschneiden.

Die 6 mittleren RückenM markieren.
M so auf die rechte Nd überheben, dass nach den 6 mittleren M mit einer HinR weiter gestr wird.
1 neue M anschlagen – weitere 37(47) M str. Wenden.
Reihe 3-9 str.
Reihe 10 str: KEIN U – 5(10) M – den U mit der nächsten M re zus str – 5(9) M – den U mit der nächsten M li zus str – 5(5) M – den U mit der nächsten M re zus str – 6(6) M – den U mit der nächsten M re zus str – 6(6) M. Wenden.
Reihe 11: 31(40) M im Muster str.
Die Fäden abschneiden.
Die M stilllegen.

VORDERTEIL

Mit einer RückR beginnen.
37(39) R im Muster str.
Die erste und letzte M in allen R re str.
Mit einer RückR enden.
Die Fäden nicht abschneiden.

LINKER HALSAUSSCHNITT

Das Muster so lange wie möglich weiter str.
Reihe 1: 44(54) M. Wenden.
Reihe 2: Verschr U – 44(54) M str.
Reihe 3: 40(48) M str. Wenden.
Reihe 4: Verschr U – 40(48) M str.
Reihe 5: 34(44) M str. Wenden.
Reihe 6: Verschr U – 34(44) M str.
Reihe 7: 31(40) M str. Wenden.
Reihe 8: KEIN U – 31(40) M str.

3(5) MusterR über diese letzten 31(40) M str.
Mit einer HinR enden.
Die Fäden nicht abschneiden.
Nun die Schultern str.

LINKE SCHULTER

Mit verkürzten Reihen die Schulterschrägen str.
Reihe 1: 24(33) M str. Wenden.
Reihe 2: Verschr U – 24(33) M str.
Reihe 3: 17(26) M str. Wenden.
Reihe 4: Verschr U – 17(26) M str.
Reihe 5: 11(20) M str. Wenden.
Reihe 6: Verschr U – 11(20) M str.
Reihe 7: 5(10) M str. Wenden.
Reihe 8: Verschr U – 5(10) M str.
Reihe 9 str: 5(10) M str – den U mit der nächsten M li verschr zus str – 5(9) M – den U mit der nächsten M re verschr zus str – 5(5) M – den U mit der nächsten M li verschr zus str – 6(6) M den U mit der nächsten M li verschr zus str – 6(6) M.

Die SchulterM vom Vorderteil und Rücken zus str.
Die Schultern mit den Außenseiten aneinanderlegen und mit einer 3. Nd die gegenüberliegenden M zus str und gleichzeitig dabei abketten.
Die Fäden abschneiden.

RECHTER HALSAUSSCHNITT

Die 6 mittleren VorderteilM markieren.
M so auf die rechte Nd überheben, dass nach den 6 mittleren M mit einer HinR weiter gestr wird.

1 neue M anschlagen - weitere 44(54) M str. Wenden.
Reihe 3-8 wie an der linken Ausschnittseite str.
3(5) MusterR über die letzten 31(40) M str.
Mit einer RückR enden.

Die rechte Schulter auf die gleiche Weise wie die linke Schulter str:
Reihe 1-9 str.
Reihe 10 str: 5(10) M – den U mit der nächsten M re zus str – 5(9) M – den U mit der nächsten M li zus str – 5(5) M – den U mit der nächsten M re zus str – 6(6) M – den U mit der nächsten M re zus str – 6(6) M.

Die SchulterM vom Vorder- und Rückenteil zus str. Die Fäden abschneiden.

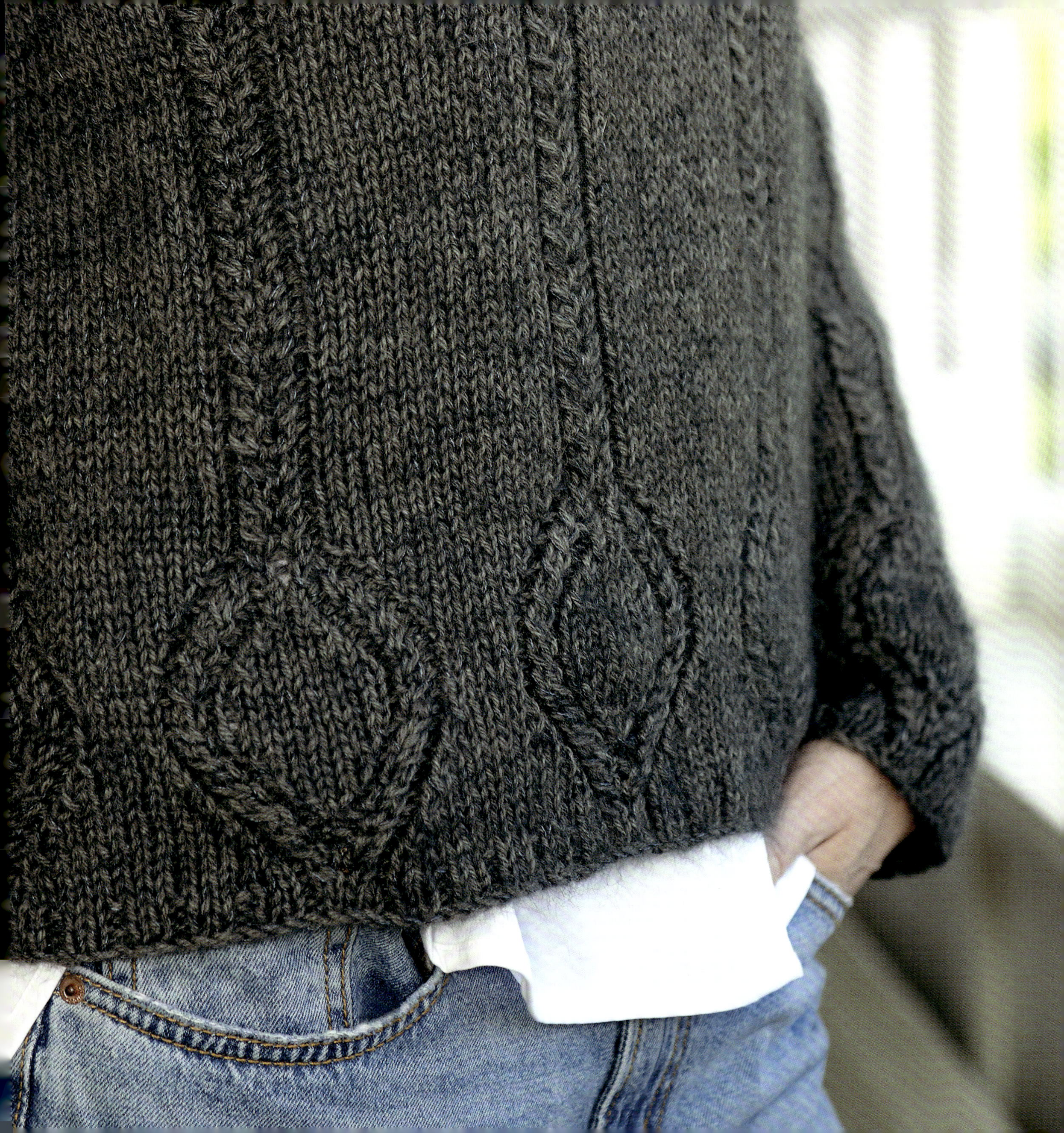

ÄRMEL

43(43) M mit beiden Qualitäten und Nd 4½ mm anschlagen.
Zur Runde schließen.
Runde 1: 1. R von Diagramm 1 – 1. R von Diagramm 1 – 1. R von Diagramm 2.
Runde 2: 2. R von Diagramm 1 – 2. R von Diagramm 1 – 2. R von Diagramm 2.
Runde 3 mit Zun: 3. R von Diagramm 1 – 3. R von Diagramm 1 – 3. R von Diagramm 2.
Es sind nun 46(46) M auf der Nd.

Diagramm 1 bis einschl. R 30 str, danach R 29-30 immer wdh.
Diagramm 2 bis einschl. R 5 str, danach R 4-5 immer wdh.

GLEICHZEITIG Zun in der 7.(5.) Rd str: 1 neue re (s. Abk.) – im Muster weiter str und vor den letzten 6 M enden – 1 neue re – 6 M im Muster = 48 M.

Die Zun in jeder 8.(6.) Rd wdh, bis 66(72) M auf der Nd sind.
Die neuen M re str.
Weiter str, bis der Ärmel ca. 37(35) cm misst.
Nach einer Rd 30 laut Diagramm 1 enden.

Für den Armausschnitt abketten: 60(66) M im Muster str – 6 M abketten.
Nun in Reihen hin und her str.
1 HinR str.

Beidseitig am Anfang jeder R insgesamt 5-mal 4 M abketten = 20(26) M.
Beidseitig am Anfang jeder R insgesamt 2(3)-mal 3 M abketten = 8 M.

In der nächsten RückR alle M abketten.
Die Fäden abschneiden.

Den zweiten Ärmel genauso str.

HALSRAND

Die stillgelegten M wieder auf eine Nd setzen.

Nach den NackenM beg und 17(19) M aus der linken Schulter str.

*Über die stillgelegten M str: 3(4) re – den U mit der nächsten M li(re) zus str – 5(3) M im Muster str – den U mit der nächsten M re zus str – 3(5) re – den U mit der nächsten M re(li) zus str.
Die mittleren 4 M im Muster str.
Die nächste M re verschr(li) mit dem U zus str – 3(5) re str – die nächste M re verschr mit dem U zus str – 5(3) M im Muster str – die nächste M li(re verschr) mit dem U zus str – 3(4) re str*.

17(19) M aus der rechten Schulter str.
Noch einmal von * bis * str.
Es sind nun 98(106) M auf der Nd.

Gr. S/M:
2 re – 1 li str. Von * bis * insgesamt 7-mal str.
Einen Zopf wie bisher str.
1 li – 2 re str. Von * bis * insgesamt 5-mal str.
1 li – Zopf.
1 li – 2 re str. Von * bis * insgesamt 8-mal str.
1 li – Zopf.

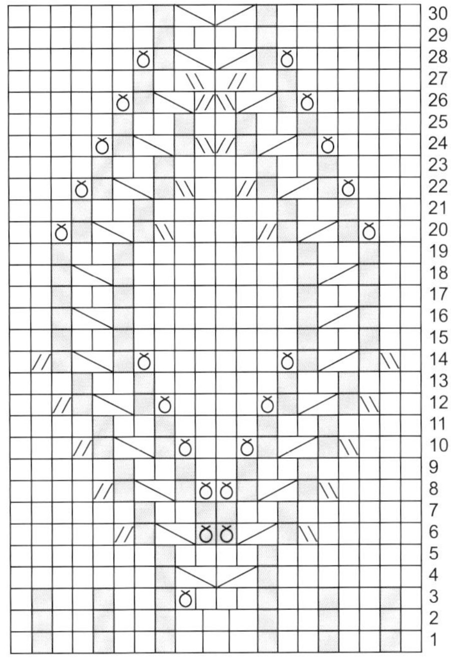

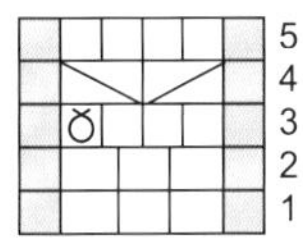

□ = rechts

□ = links

= 1 M auf eine HilfsNd vor die Arbeit legen – 1 re str – die M von der HilfsNd re str

= 1 M auf eine HilfsNd hinter die Arbeit legen – 1 re str – die M von der HilfsNd re str

= 1 neue li (s. Abk.)

= 2 re zus

= 2 re verschr zus

= 1 neue re (s. Abk.)

1 li – 2 re str. Von * bis * insgesamt 5-mal str.
1 li – Zopf – 1 li – 2 re – 1 li.

Gr. L/XL:
1 li – 2 re str. Von * bis * insgesamt 11-mal str.
1 li – Zopf.
1 li – 2 re str. Von * bis * insgesamt 16-mal str.
1 li – Zopf.
1 li – 2 re str. Von * bis * insgesamt 5-mal str.

Alle Gr.:
Runde 1: Rippen bis zum Zopf str – 4 re str.
Runde 2: Rippen bis zum Zopf str – Zopf str.

Im Rippenmuster abketten – die 4 ZopfM erst 2 und 2 M zus str und dann abketten.

FERTIGSTELLUNG

Die Ärmel mit Nadeln in die Armausschnitte heften und von außen einnähen.
Die Öffnungen unter den Ärmeln schließen.
Alle Fäden vernähen.

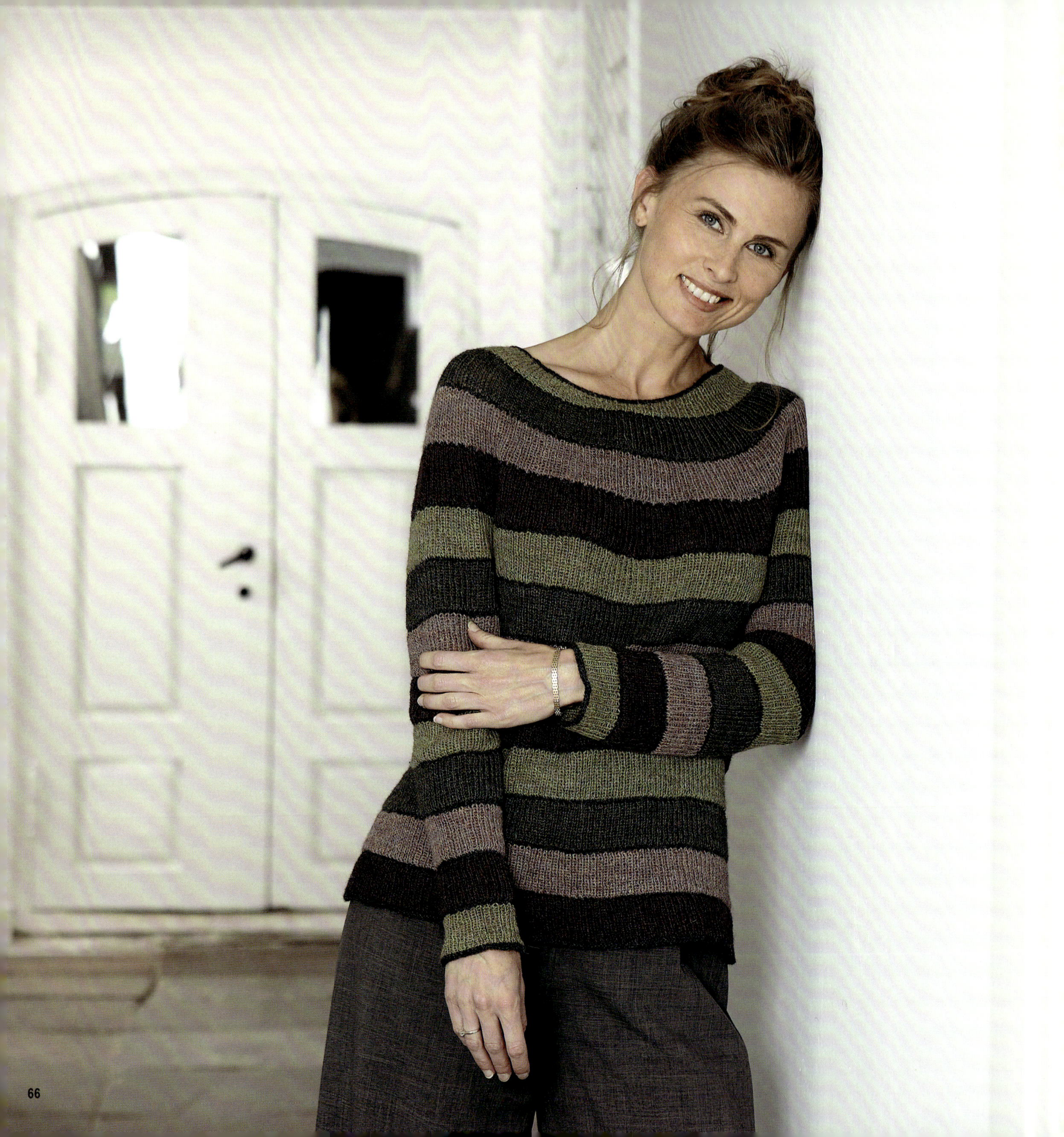

HEIDE

Gr.: S(M)L(XL)

Halbe Oberweite: 49(54)59(63) cm
Gesamtlänge, gemessen am Rücken: 60 cm
Ärmellänge ab Armausschnitt: 44(43)43(41) cm

Material
A: 50(100)100(100)g Isager Alpaca 2 Farbe Thyme
B: 50(100)100(100)g Isager Alpaca 2 Farbe Forest
C: 50(100)100(100)g Isager Alpaca 2 Farbe Sky
D: 50(100)100(100)g Isager Tvinni Farbe 60
E: 50 g Isager Highland Farbe Charcoal

Rundnadel und Nadelspiel 3 mm

Maschenprobe glatt rechts gestrickt: 10 cm = 28 M und 36 R

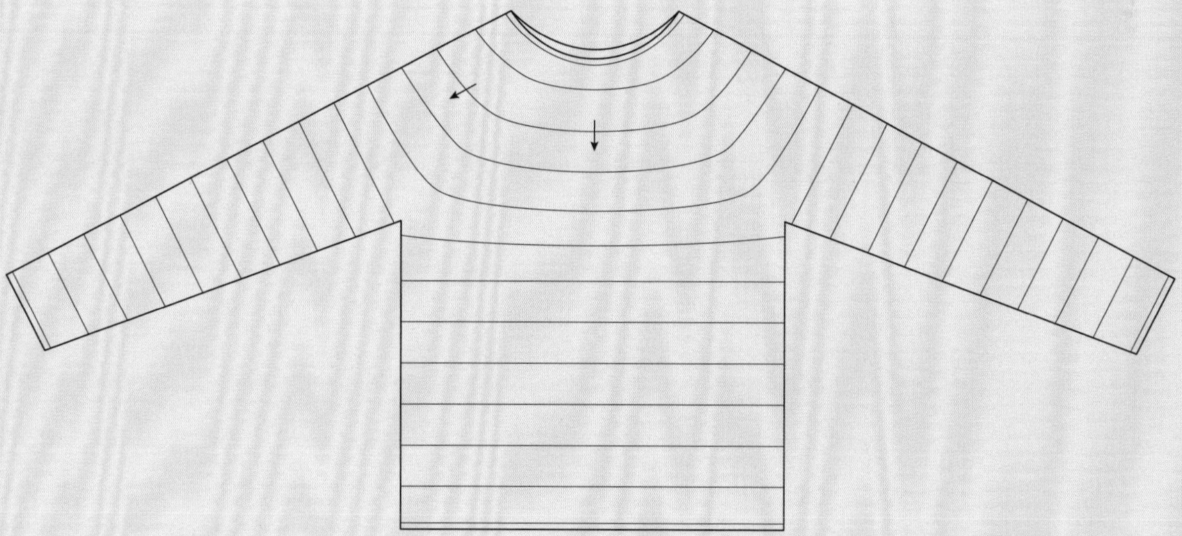

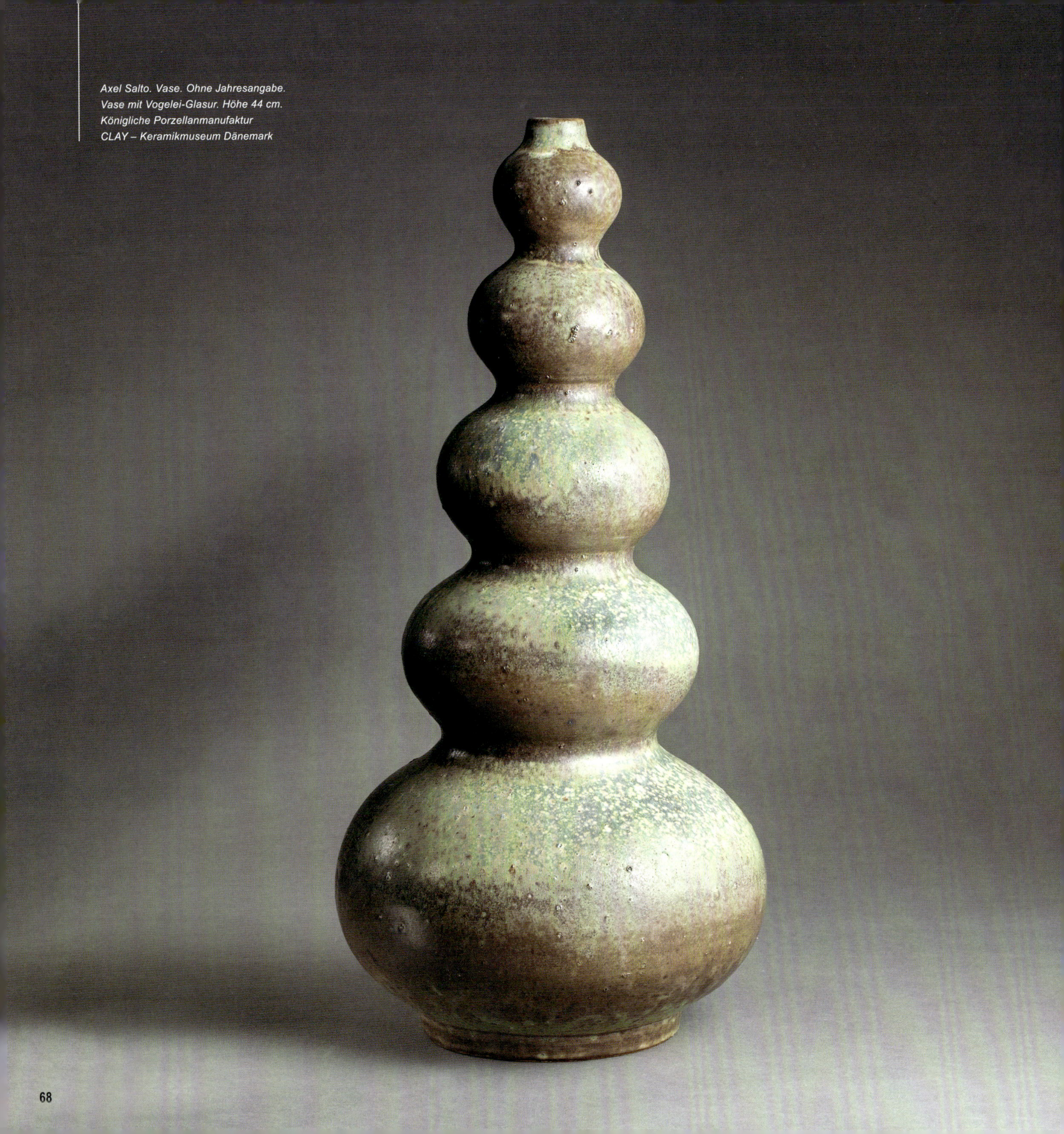

Axel Salto. Vase. Ohne Jahresangabe.
Vase mit Vogelei-Glasur. Höhe 44 cm.
Königliche Porzellanmanufaktur
CLAY – Keramikmuseum Dänemark

PASSE

88(100)96(108) M mit Nd 3 mm und A anschlagen.

Reihe 1 (RückR): 2 re – *1 li – 1 re*.
Von * bis * wdh.
Reihe 2: 2 re – *1 li – 1 re*.
Von * bis * wdh und aus der letzten Masche 2aus1M (s. Abk.) str.
Danach am Ende der R 3 neue M anschlagen = 92(104)100(112) M.
Reihe 3: Wie Reihe 2 str = 96(108)104(116) M.

Noch 8–mal Reihe 2 str = 128(140)136(148) M.

Eine HinR str: 2 re – *1 li – 1 re*.
Von * bis * wdh.
4(4)8(8) neue M am Ende der R anschlagen.
Zur Runde schließen und 64(70)68(74) M in Rippen str.
Hier eine Markierung für den RdBeginn setzen.
Es sind nun 132(144)144(156) M auf der Nd.

4 Rd str: *1 li – 1 re*.
Von * bis * wdh.
A abschneiden.

Mit E str.
1 Rd re str.
1. Zun: *2 re – 1 neue re (s. Abk.)*.
Von * bis * wdh = 198(216)216(234) M.
E abschneiden.

Mit B str.
1 Rd re str.
15 Rd str: *1 li – 1 re*.
Von * bis * wdh.
B abschneiden.

Mit E str.
1 Rd re str.
2. Zun: *3 re – 1 neue re*.
Von * bis * wdh = 264(288)288(312) M.
E abschneiden.

Mit C str.
1 Rd re str.
15 Rd str: *1 li – 1 re*.
Von * bis * wdh.
C abschneiden.

Mit E str.
1 Rd re str.
3. Zun: *3 re – 1 neue re*. Von * bis * wdh = 352(384)384(416) M.
E abschneiden.

Mit D str.
1 Rd re str.
15 Rd str: *1 li – 1 re*.
Von * bis * wdh.
D abschneiden.

Mit E str.
1 Rd re str.
4. Zun: *1 neue re – 31(31)15(15) re – 1 neue re – 1 re*.
Von * bis * wdh = 374(408)432(468) M.
E abschneiden.

Mit A str.
1 Rd re str.
2(6)6(12) Rd str: *1 li – 1 re*.
Von * bis * wdh.
Die Arbeit misst in der Rückenmitte ca. 20(21)21(22) cm.

TEILUNG

Mit A str.
Die M folgendermaßen aufteilen und im Rippenmuster str: 58(64)70(74) RückenM str – die nächsten 71(76)76(86) ÄrmelM stilllegen – 19(22)24(28) neue M anschlagen – 116(128)140(148) VorderteilM str – die nächsten 71(76)76(86) ÄrmelM stilllegen – 19(22)24(28) neue M anschlagen – 58(64)70(74) RückenM str.

KÖRPER

12(8)8(2) Rd über die 270(300)328(352) KörperM str: *1 li – 1 re*.
Von * bis * wdh.
A abschneiden.

Das Muster wie an der Passe weiter str:
2 Rd re mit E – 1 Rd re mit einer neuen Farbe + 15 Rd versetzte Rippen.
Weiter str, bis die Farbabfolge A, B, C, D insgesamt 3-mal gestr ist.

Enden mit E: 1 Rd re – 1 Rd li.
Alle M re abketten.

ÄRMEL

Die M vom 1. Ärmel auf ein Nadelspiel 3 mm setzen.
Mit A str: 19(22)24(28) neue M aus den angeschl M im Armausschnitt str – 1 M aus dem Übergang zu den ÄrmelM str – 71(76)76(86) ÄrmelM in Rippen str – 1 M aus dem Übergang zu den neuen M str = 92(100)102(116) M.

Die nächsten 9(11)12(14) M in 1 re – 1 li Rippen str.
Eine Markierung für den Rd-Beginn setzen.

Gr. S(M):
12(8) Rd Rippen str: *1 li – 1 re* str.
Von * bis * wdh.
A abschneiden.

Gr. L(XL):
8(2) Rd Rippen str: *1 re – 1 li*.
Von * bis * wdh.
A abschneiden.

Gr. S(M)L:
Mit E 1 Rd re str.
Abn str: 2 re zus – 42(46)47 re – 2 re zus – eine Markierung setzen – 2 re zus – 42(46)47 re – 2 re zus = 88(96)98 M.
E abschneiden.

Gr. XL:
Mit E 1 Rd re str.
Abn str: 2 re zus – 34 re – 2 re zus – eine Markierung setzen – 2 re zus – 36 re – 2 re zus – eine Markierung setzen – 2 re zus – 34 re – 2 re zus = 110 M.
E abschneiden.

Alle Gr.:
Das Muster wie an der Passe weiter str:
2 Rd re mit E – 1 Rd re mit einer neuen Farbe + 15 Rd versetzte Rippen.
Die Farbabfolge A, B, C, D weiter str.

Insgesamt 8(4)4(8) Abn in jeder 18. Rd an beiden Seiten der Markierung(en) und am Beginn und Ende der Rd str = 60(84)86(68) M.

Gr. (M)L:
Die alten Markierungen in der nächsten R entfernen und neue setzen.
5. Abn str: 2 re zus – 24 re – 2 re zus – neue Markierung – 2 re zus – (24)26 re – 2 re zus – neue Markierung – 2 re zus – 24 re – 2 re zus = (78)80 M.
Diese Abn insgesamt 8-mal in jeder 18. Rd str = (60)62 M.

Alle Gr.:
Den letzten A-Streifen fertig str.
Der Ärmel misst ca. 44(43)43(41) cm
A abschneiden.

Abschließen mit E: 1 Rd re – 1 Rd li.
Alle M re abketten.

Den zweiten Ärmel genauso str.

HALSRAND

Mit E und Nd 3 mm
88(100)96(108) M aus dem Anschlag str.
44(44)48(48) M aus der Ausschnittrundung str = 132(144)144(156) M.

1 Rd li str.
Alle M re abketten.

FERTIGSTELLUNG

Alle Fäden vernähen.

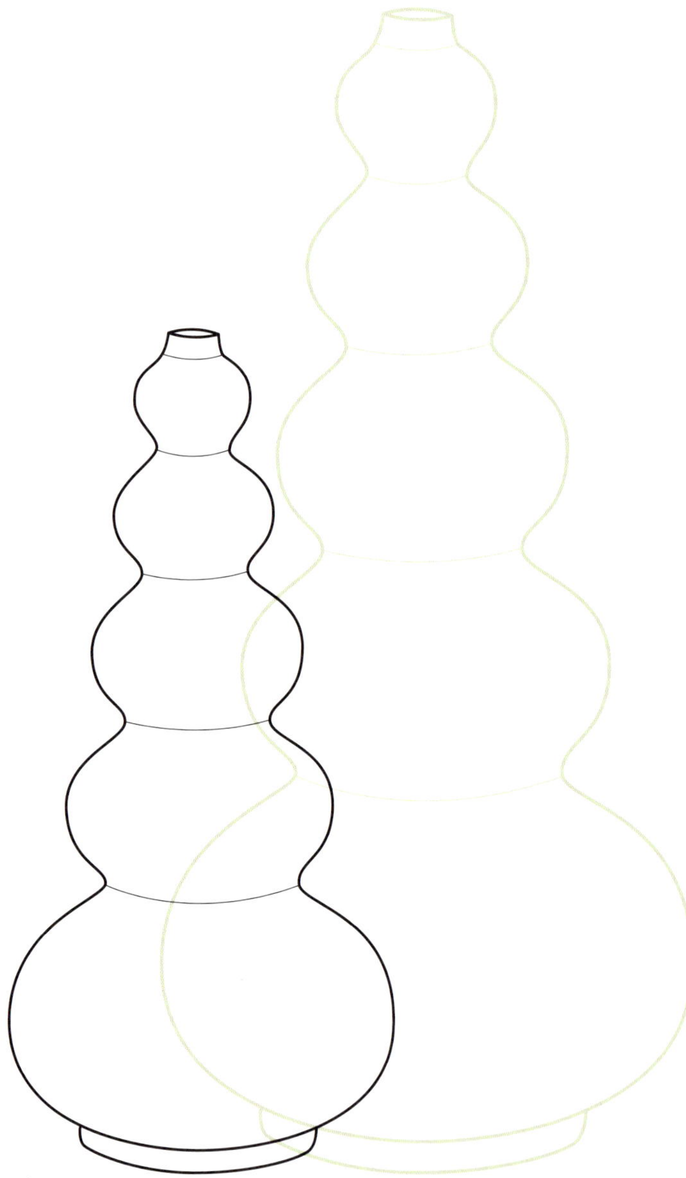

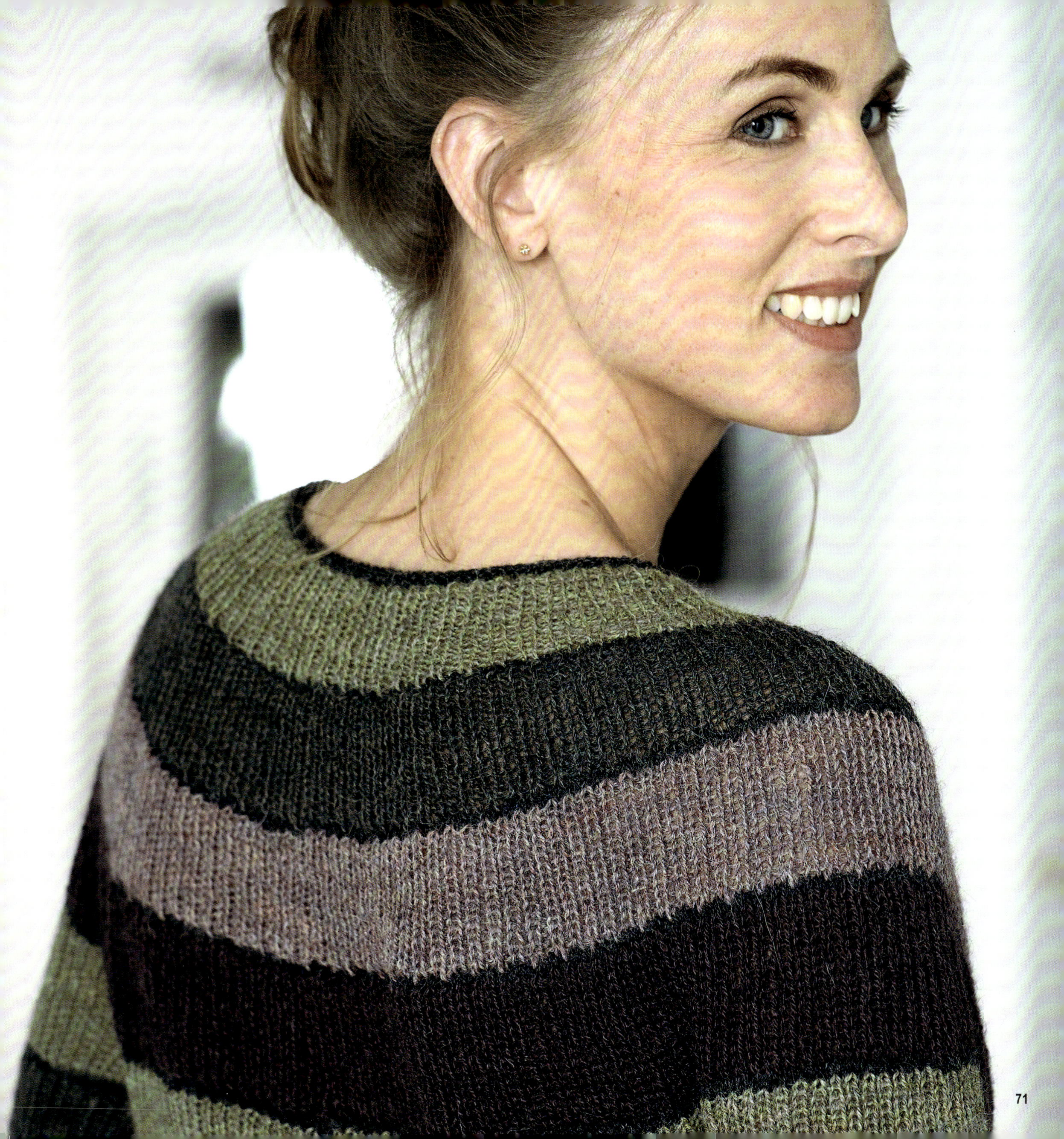

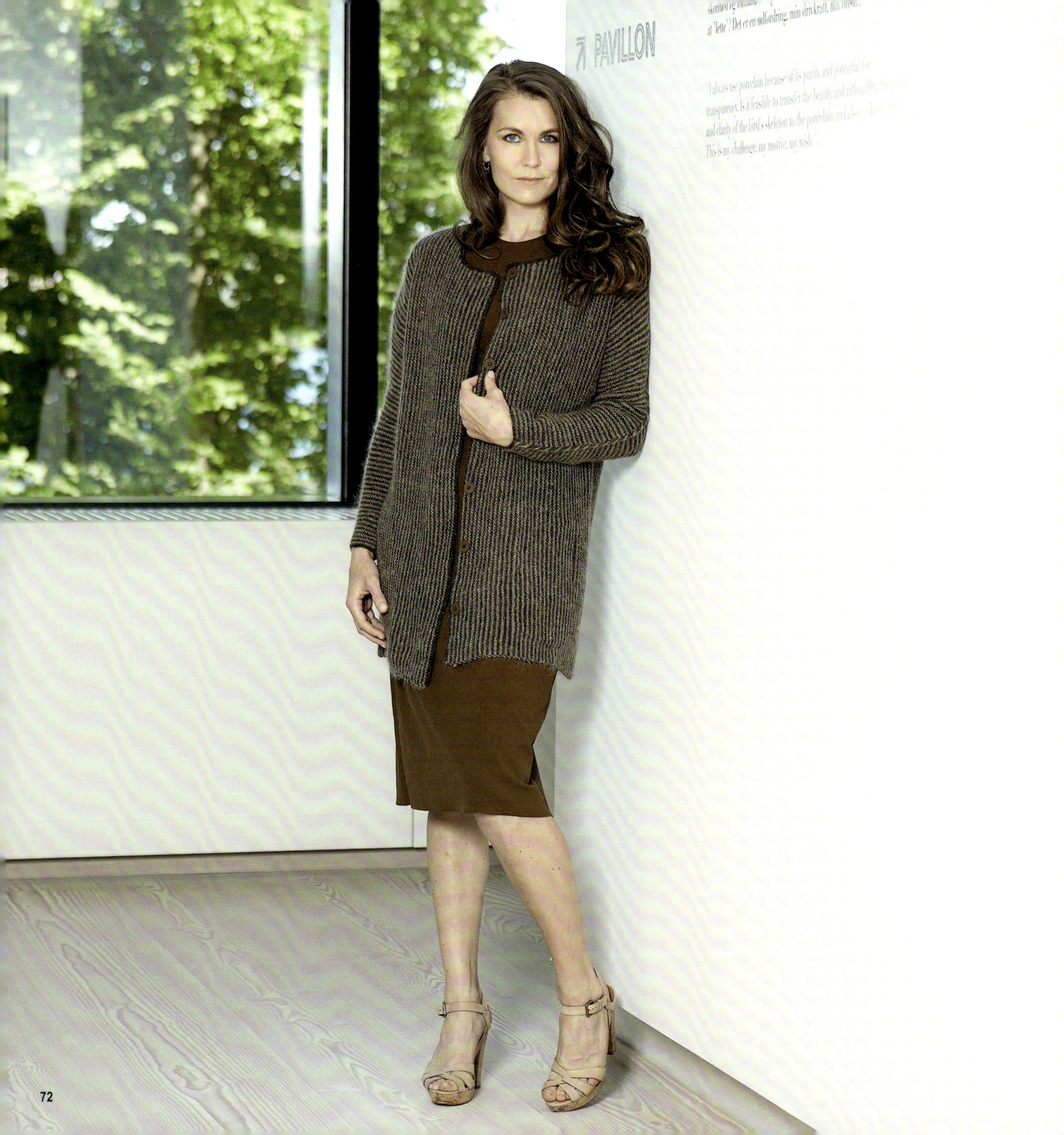
PAVILLON
at "lette"? Det er en udfordring, min drivkraft,
"I always use porcelain because of its purity and potential for
transparency. Is it feasible to transfer the beauty and rationality,
and clarity of the bird's skeleton to the porcelain and
This is my challenge, my motive, my wish."

RINDE

Gr.: S(M)L(XL)

Rückenbreite: 50(55)60(65) cm
Länge: 75 cm
Ärmellänge ab Armausschnitt: 43(41)41(39) cm

Material

A: 250(250)300(300)g Isager Tweed Farbe Chocolate
B: 100(125)125(150)g Isager Silk Mohair Farbe 7m
C: 100(150)150(150)g Isager Alpaca 1 Farbe 23s
B und C zusammen verstricken

7 Knöpfe

Rundnadel 3½ mm

Maschenprobe kraus rechts gestrickt mit A: 10 cm = 22 M und 44 R

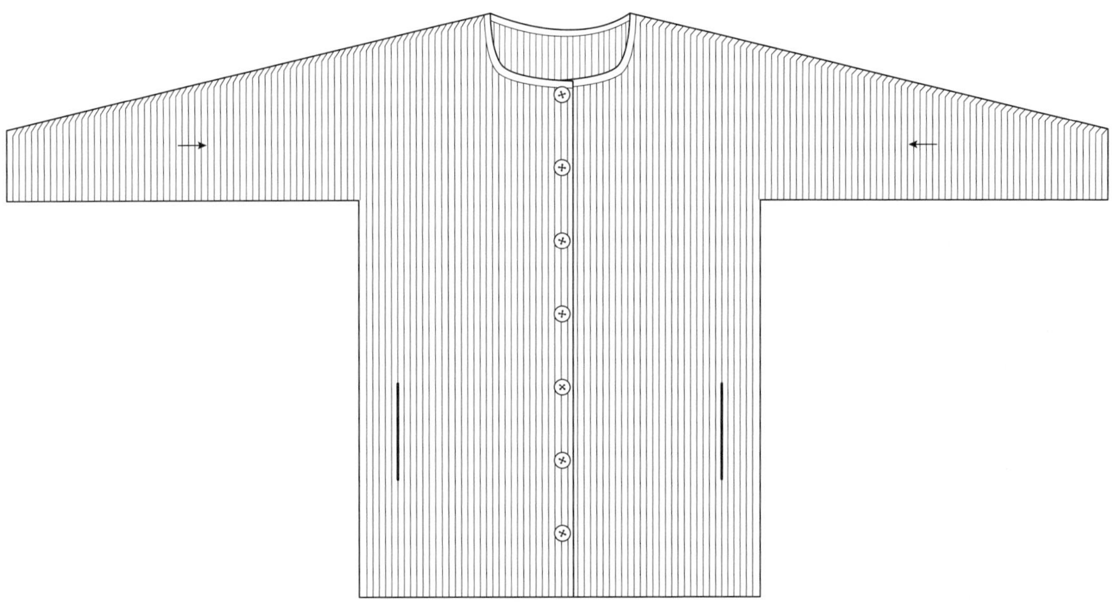

Axel Salto, Vase. Ohne Jahresangabe
Steingut mit Dilou-Glasur, Höhe 26 cm
Königliche Porzellanmanufaktur
Privatbesitz

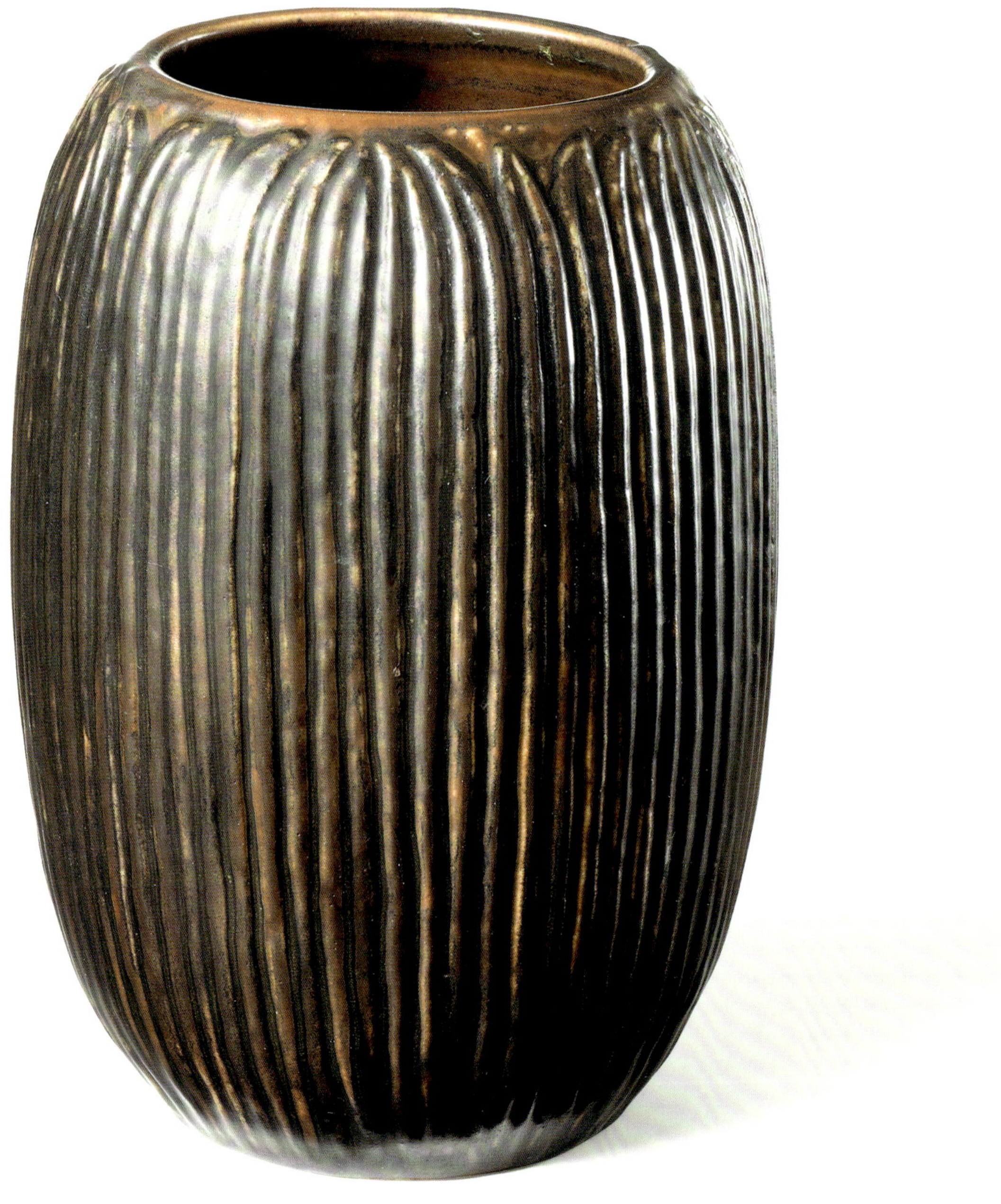

BESONDERE ERKLÄRUNGEN

Zopf 1: 2 M mit B + C auf eine HilfsNd **vor** die Arbeit legen – 2 re str – die 2 M mit B + C von der HilfsNd auf die rechte Nd heben, ohne sie zu str.

Zopf 2: 2 M mit A auf eine HilfsNd **vor** die Arbeit legen – 2 M mit B + C auf die rechte Nd heben, ohne sie zu str – die 2 M von der HilfsNd re str.

2abhFh: 2 M abh mit dem Faden **hinter** den M.
2abhFv: 2 M abh mit dem Faden **vor** den M.

LINKE SEITE

Mit dem linken Ärmel beg.
38(42)44(46) M mit Nd 3½ mm und A anschlagen.

In Reihen hin und her str.
1 R re str.

MUSTER
Mit B + C str.
Reihe 1 (HinR): 19(21)22(23) re – 2abhFh – 17(19)20(21) re.
Reihe 2: 17(19)20(21) re – 2abhFv – 2 li – 17(19)20(21) re.

Mit A str.
Reihe 3 mit Zopf: 17(19)20(21) re – Zopf 1 – 17(19)20(21) re.
Reihe 4: 17(19)20(21) re – 2abhFv – 2 li – 17(19)20(21) re.

Mit B + C str.
Reihe 5: 17(19)20(21) re – 2abhFh – 19(21)22(23) re.
Reihe 6 mit Zun: 16(18)19(20) re – 1 neue re (s. Abk.) – 1 re – 2 li – 2abhFv – 1 re – 1 neue re – 16(18)19(20) re = 40(44)46(48) M.

Mit A str.
Reihe 7 mit Zopf: 18(20)21(22) re – Zopf 2 – 18(20)21(22) re.
Reihe 8: 18(20)21(22) re – 2 li – 2abhFv – 18(20)21(22) re.

Die 4 ZopfM markieren.
Mit B + C str.
Reihe 9: Re bis zu den ZopfM str – 2 re – 2abhFh – re zu Ende str.
Reihe 10: Re bis zu den ZopfM str – 2abhFv – 2 li – re zu Ende str.

Mit A str.
Reihe 11 mit Zopf: Re bis zu den ZopfM str – Zopf 1 – re zu Ende str.
Reihe 12: Re bis zu den ZopfM str – 2abhFv – 2 li – re zu Ende str.

Mit B + C str.
Reihe 13: Re bis zu den ZopfM str – 2abhFh – 2 re – re zu Ende str.
Reihe 14 mit Zun: Re str und 1 M vor den ZopfM enden – 1 neue re – 1 re – 2 li – 2abhFh – 1 re – 1 neue re – re zu Ende str = 42(46)48(50) M.

Mit A str.
Reihe 15 mit Zopf: Re bis zu den ZopfM str – Zopf 2 – re zu Ende str.
Reihe 16: Re bis zu den ZopfM str – 2 li – 2abhFv – re zu Ende str.

Reihe 9-16 wdh, bis 84(86)88(88) M auf der Nd sind.

Der Ärmel misst 43(41)41(39) cm. An beiden Seiten des Zopfes sind 23(22)22(21) Zun gestr.
B + C abschneiden.

Mit A str.
Nächste R (HinR):
84(86)88(88) M im Muster str.
Am Ende der R 113(111)109(108) neue M für das Vorderteil anschlagen.
Nächste R (RückR):
197(197)197(196) M im Muster str – am Ende der R 113(111)109(108) neue M für den Rücken anschlagen = 310(308)306(304) M.

Nun die 1. M abhFv und erst danach zu B + C wechseln.
Auch an der anderen Seite die 1. M abhFv.

Im Muster weiter str und die Zun an beiden Seiten des Zopfs noch 4(4)5(5)-mal in jeder 8. R str = 318(316)316(314) M.
Nach der letzten Zun 1 R str.

M für den Tascheneingriff stilllegen (RückR):
36 re str – die nächsten 24 M stilllegen – 24 neue M anschlagen – 258(256)256(254) re str.

Im Muster weiter str und die Zun an beiden Seiten des Zopfs in jeder 8. R wdh, bis insgesamt 10(11)12(13) Zun gestr sind = 330 M.
Nach der letzten Zun 1 R str.

In der nächsten R für den Halsausschnitt abketten (RückR):
162 M str – die mittleren 6 M li abketten – 162 M str (die 1. M ist bereits auf der Nd).

LINKER RÜCKEN

28(30)34(36) R über die 162 RückenM str.
Die erste M der HinR immer abhFv.
Die erste M der RückR immer re str.
Die Fäden abschneiden.
Die M stilllegen.

LINKES VORDERTEIL

Im Muster über die ersten 162 M weiter str.
Die erste M der RückR immer abhFv.
Die erste M der HinR immer re str.

Für den Halsausschnitt mit dem Abketten beg:

1-mal 4 M abketten = 158 M.
1(1)2(2)-mal 3 M abketten = 155(155)152(152) M.
2-mal 2 M abketten = 151(151)148(148) M.
6-mal 1 M abketten = 145(145)142(142) M.

40(40)42(46) R im Muster str und in den HinR die 1. M immer re str.
In der nächsten RückR alle M mit A abketten.

RECHTE SEITE
Bis zur Tasche wie die linke Seite str.
M für den Tascheneingriff stilllegen (RückR):
258(256)256(254) re str – die nächsten 24 M stilllegen – 24 neue M anschlagen – 36 re str.

Weiter str wie an der linken Seite, bis die mittleren 6 M für den Halsausschnitt abgekettet sind.

RECHTES VORDERTEIL
Die erste M der HinR immer abhFv.
Die erste M der RückR immer re str.

Für den Halsausschnitt auf die gleiche Weise abketten wie am LINKEN VORDERTEIL, aber nun in den RückR abketten.
Danach noch 31(31)33(37) R im Muster str.

Knopflöcher str (RückR):
2 re – *2 re zus – 2 neue M anschlagen – 2 re verschr zus – 16 re*.
Von * bis * wdh. Enden mit 3(3)0(0) re.

7 R re str.
In der nächsten RückR alle M mit A abketten.

RECHTER RÜCKEN
Mit einer HinR beg und 30(32)36(38) R im Muster über die 162 RückenM str.
Die erste M der RückR immer abhFv.
Die erste M der HinR immer re str.

Das linke Rückenteil wieder auf eine Nd setzen.
Den Rücken mit A zus str, dafür beide Rückenteile mit den Außenseiten aneinanderlegen, mit einer dritten Nd die M zus str und gleichzeitig dabei abketten.

HALSRAND
Von der Außenseite mit A neue M aus dem Halsausschnitt herausstr:
46(47)51(52) M aus dem rechten Vorderteil bis zum Nacken str – 29(31)35(37) M aus dem Nacken str – 46(47)51(52) M aus dem linken Vorderteil str = 121(125)137(141) M.
1 R re str.
Alle M in der HinR abketten.

TASCHENBEUTEL
Die 24 TaschenM der linken Seite wieder auf eine Nd setzen.
26 M mit A und Nd 3½ mm anschlagen und in einer RückR über die TaschenM fortsetzen: 23 li – 2aus1M (s. Abk.) = 51 M.
Über die 51 M 15 cm glatt rechts str.
Alle M abketten.

Die 24 TaschenM der rechten Seite wieder auf eine Nd setzen.
26 M mit A und Nd 3½ mm anschlagen und in einer HinR über die TaschenM fortsetzen: 23 re – 2aus1M = 51 M.
Über die 51 M 15 cm glatt rechts str.
Alle M abketten.

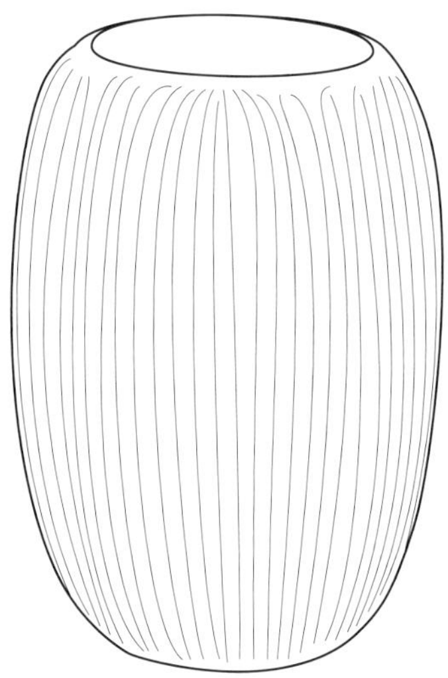

FERTIGSTELLUNG
Die Seitennähte schließen – ab Ärmelrand bis zum unteren Jackenrand nähen.
Die Taschenbeutel an die Innenseite der Jacke nähen.
Alle Fäden vernähen.
Die Knöpfe annähen.

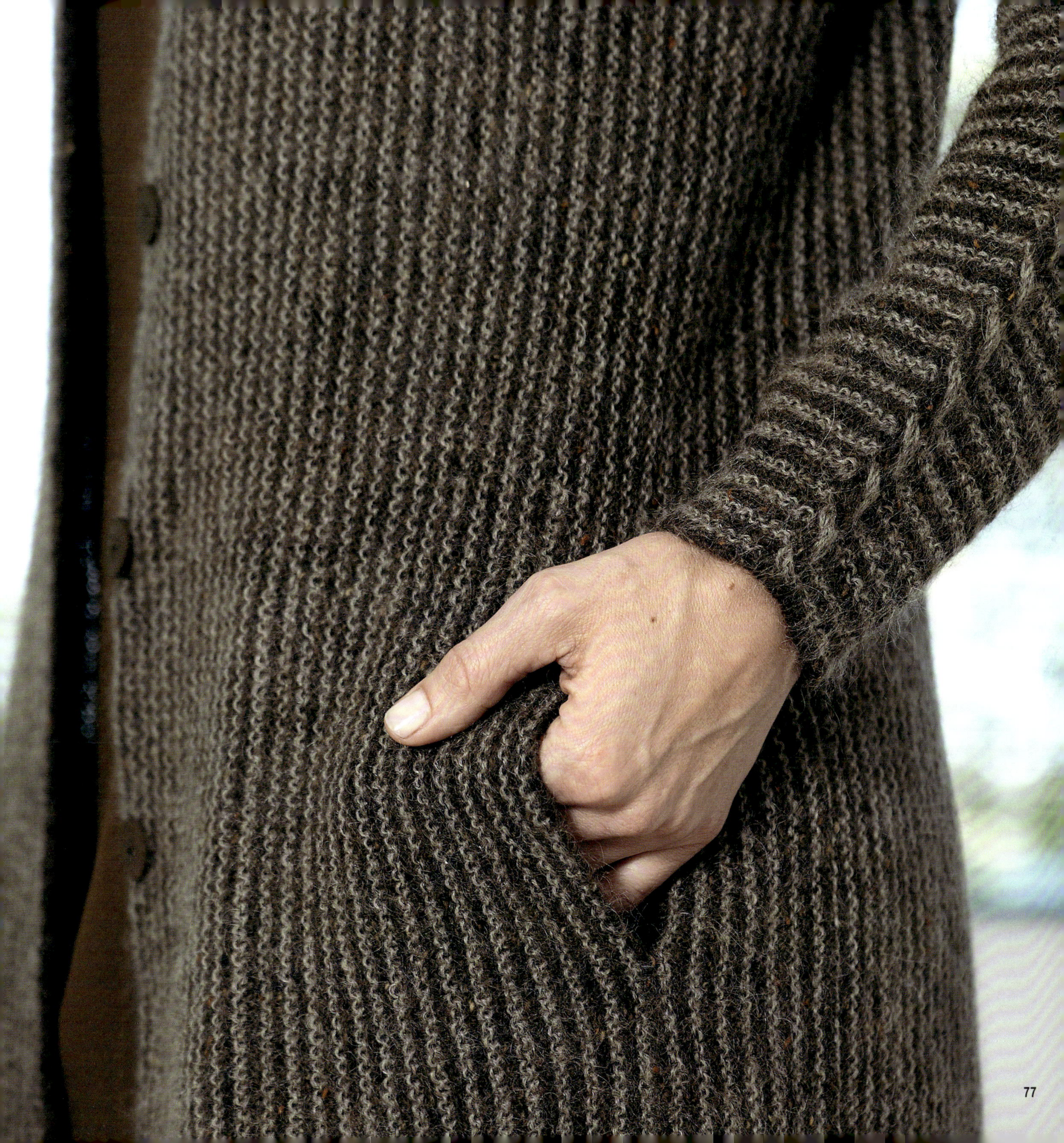

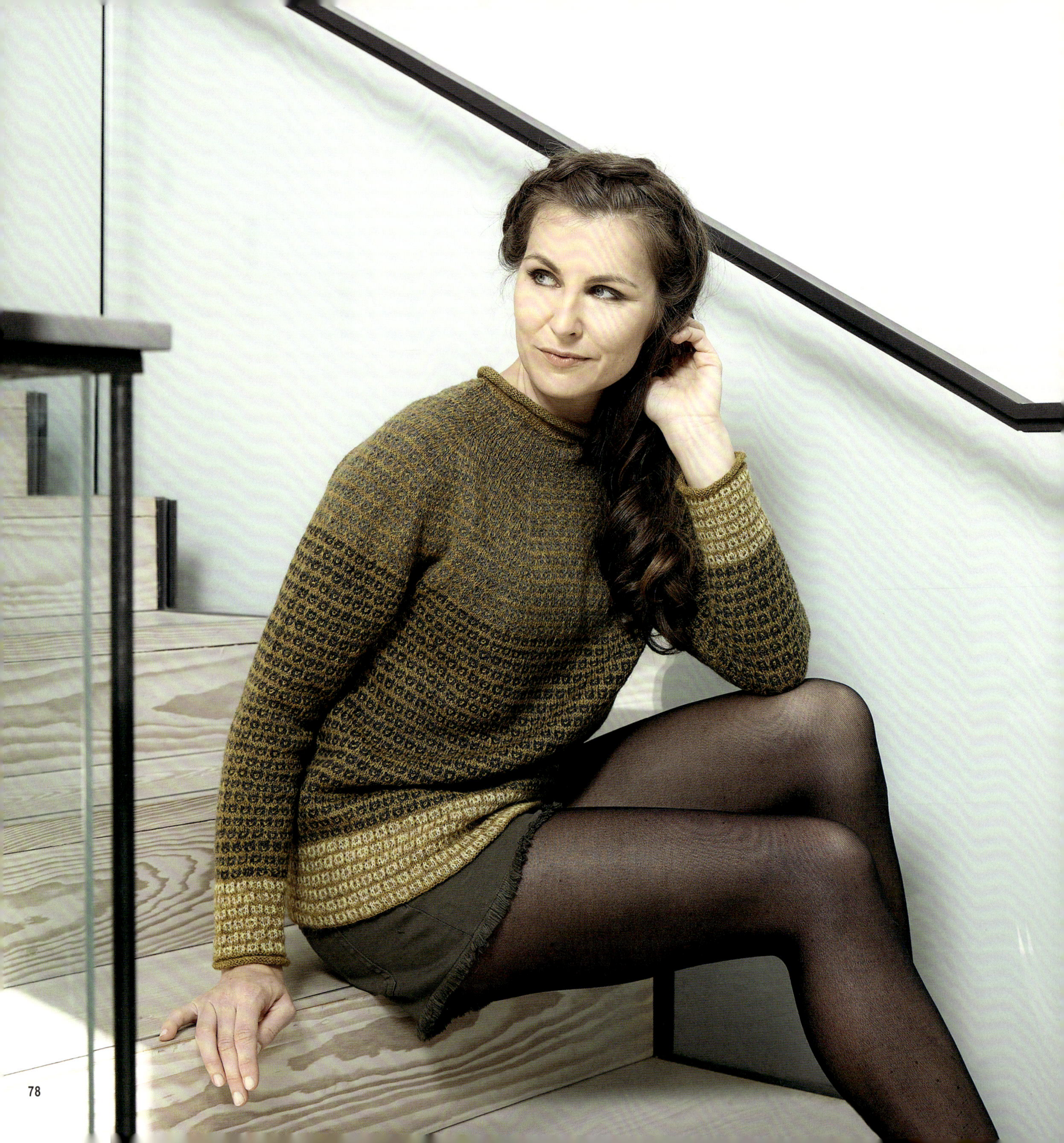

OCKER

Gr.: S(M)L(XL)

Halbe Oberweite: 48(52)56(60) cm
Länge ab Schulter: 60 cm
Ärmellänge ab Armausschnitt: 43(43)41(41) cm

Material

A: 200(200)200(250)g Isager Highland Farbe Curry
B: 50g Isager Tvinni Farbe 23s
C: 100g Isager Highland Farbe Charcoal
D: 50g Isager Tvinni Farbe 29s

Nadelspiel 2½ und 3 mm
Rundnadeln 2½ mm, 40 und 80 cm
Rundnadeln 3 mm, 40, 60 und 80 cm

Maschenprobe glatt rechts mit Nd 3 mm: 10 cm = 27 M und 36 R
Maschenprobe im Muster mit Nd 3 mm: 10 cm = 30 M und 52 R

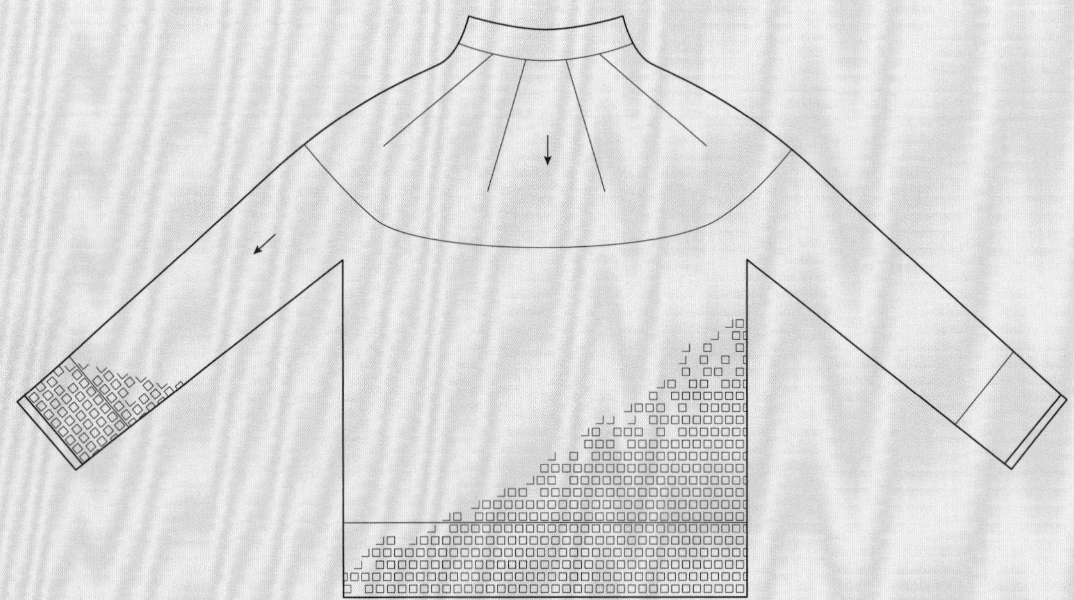

Axel Salto. Vase im Knospenstil. 1945
Steingut mit Solfatara-Glasur. Höhe 26 cm
Königliche Porzellanmanufaktur
CLAY – Keramikmuseum Dänemark

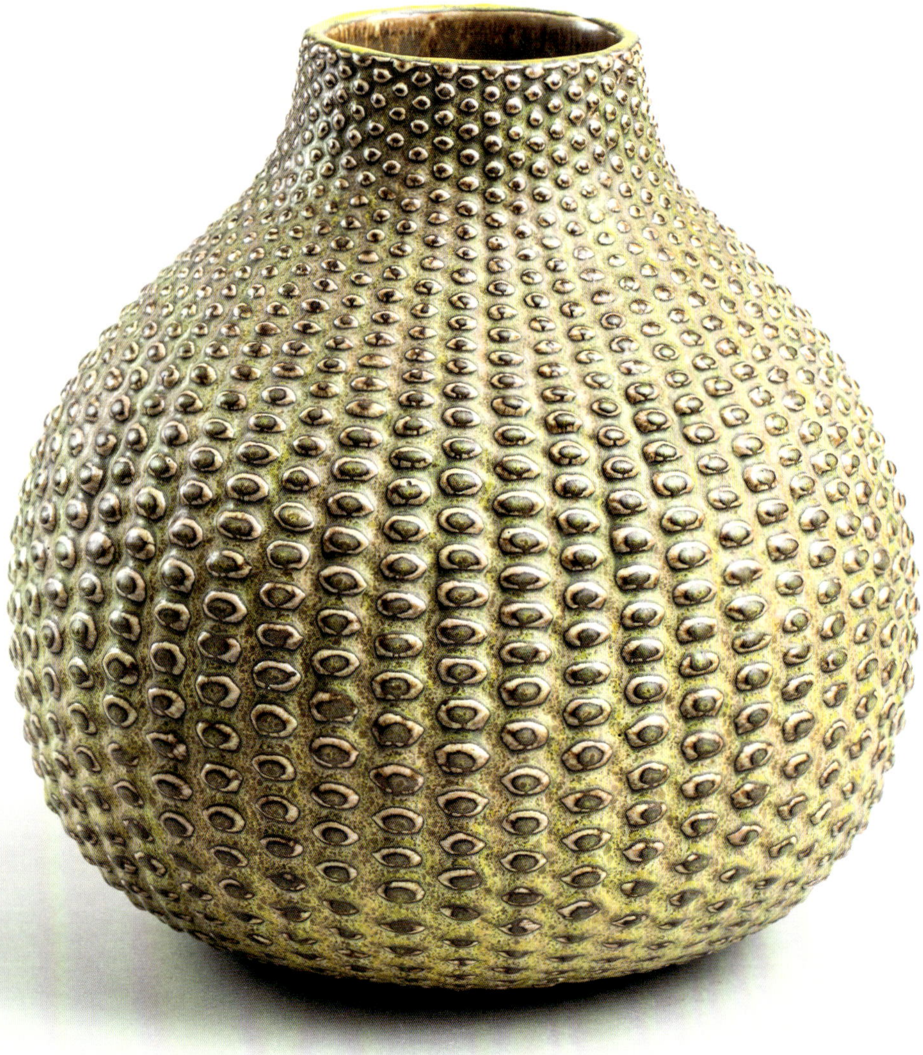

HALSRAND

144(144)152(152) M mit A und Nd 2½ mm anschlagen.
Zur Runde schließen.
18 Rd re str.
1 Rd li str.
Den Rand einrollen lassen.

Zur RundNd 3 mm wechseln.
144(144)152(152) re str.

MUSTER
Mit B str.
Rd 1: *3 re – 1 M li abh, mit dem Faden **hinter** der Masche = 1abhFh*. Von * bis * wdh.
Rd 2: Wie Rd 1 str.

Mit A str.
Rd 3: *1abhFh – 1 re*.
Von * bis * wdh.
Rd 4: *1abhFh – 1 li – 1abhFh – 1 re*.
Von * bis * wdh.

Mit B str.
Rd 5: Wie Rd 1 str.

Mit A str.
Rd 6-7: Alle M re str.

Mit B str.
Rd 8: 1 re – *1abhFh – 3 re*.
Von * bis * wdh. Enden mit 1abhFh – 2 re.
Rd 9: Wie Rd 8 str.

Mit A str.
Rd 10: *1abhFh – 1 re*.
Von * bis * wdh.
Rd 11: *1abhFh – 1 re – 1abhFh – 1 li*.
Von * bis * wdh.

Mit B str.
Rd 12: Wie Rd 8 str.

Mit A str.
Rd 13-14: Alle M re str.

Noch einmal Rd 1-12 str.

Die Zun an der Passe folgendermaßen str: U – 1 re – U – 1 re, diese M markieren – U – 1 re – U.
Rd 13 mit 1. Zun str: Zun – 17 re (rechter Ärmel) – Zun – 13 re (Vorderteil, rechts) – Zun – 17(17)21(21) re (Vorderteilmitte) – Zun – 13 re (Vorderteil, links) – Zun – 17 re (linker Ärmel) – Zun – 13 re (Rücken, links) – Zun – 17(17)21(21) re (Rückenmitte) – Zun – 13 re (Rücken, rechts).

Rd 14: Alle M re und alle U re verschr str = 176(176)184(184) M.

MusterRd 1-5 str.

Rd 6 mit 2. Zun str: 2 re – Zun – 21 re – Zun – 17 re – Zun – 21(21)25(25) re – Zun – 17 re – Zun – 21 re – Zun – 17 re – Zun – 21(21)25(25) re – Zun – 15 re.

Rd 7: Alle M re und alle U re verschr str = 208(208)216(216) M.

Rd 8-12 str.
Rd 13 mit 3. Zun str: *Re str und 1 M vor der markierten M enden. Zun wie bisher str*.
Von * bis * wdh.

Rd 14: Alle M re und alle U re verschr str = 240(240)248(248) M.

5 R im Muster ohne Zun str.
Die Zun in jeder 7. Rd wdh und in der nächsten Rd die U re verschr str.

Im Muster weiter str, bis insgesamt 6(7)7(8) ZunahmeRd gestrickt sind = 336(368)376(408) M.
Es sind insgesamt 9(10)10(11) Karomuster in der Höhe gestr.

12 R im Muster ohne Zun str.
Eine Rd mit Zun str = 368(400)408(440) M.

12 R im Muster ohne Zun str.
Eine Rd mit Zun str = 400(432)440(472) M.

12 R im Muster ohne Zun str.
Eine Rd mit Zun str = 432(464)472(504) M.

Es sind insgesamt 9(10)10(11) ZunahmeRd gestrickt.
Es sind insgesamt 15(16)16(17) Karomuster in der Höhe gestr.
B abschneiden und mit C ersetzen.

19 R im Muster ohne Zun str.
Es sind insgesamt 18(19)19(20) Karomuster gestr.
Es sind ca. 24(26)26(27) cm ab Musterbeginn gestr.

TEILUNG

Im Muster weiter str.
4(5)5(6) re str – die nächsten 87(93)93(99) M für den rechten Ärmel stilllegen - 15(17)25(27) neue M anschlagen – 129(139)143(153) VorderteilM str – 87(93)93(99) M für den linken Ärmel stilllegen – 15(17)25(27) neue M anschlagen – 125(134)138(147) RückenM str.

KÖRPER

Im Muster über die 288(312)336(360) KörperM weiter str, bis insgesamt 24(23)23(22) Karomuster mit C gestr sind.
C abschneiden und mit D ersetzen.

Im Muster weiter str, bis insgesamt 6 Karomuster mit D gestr sind.
D abschneiden.
1 Rd re mit A str.

Zu Nd 2½ mm wechseln.
Mit A str: 1 Rd li – 8 Rd re str.
Alle M locker abketten.

ÄRMEL

Die M des ersten Ärmels auf ein Nadelspiel 3 mm setzen.

In Runden und mit A str.
15(17)25(27) neue M aus den angeschlagenen KörperM im Armausschnitt str.
1 M aus dem Übergang zu den ÄrmelM str.
Die 87(93)93(99) ÄrmelM str.
1 M aus dem Übergang zu den neuen M str = 104(112)120(128) M.

7(8)12(13) re str.
Hier eine Markierung für den neuen RdBeginn setzen.
1 Rd mit A str.

Im Muster wie bisher str:
Mit C str.
Rd 1: *1abhFv – 3 re*.
Von * bis * wdh.
Rd 2: Wie Rd 1 str.

Mit A str.
Rd 3: *1 re – 1abhFh*.
Von * bis * wdh.
Rd 4: *1 re – 1abhFh – 1 li – 1abhFh*.
Von * bis * wdh.

Mit C str.
Rd 5: Wie Rd 1 str.

Mit A str.
Rd 6: Alle M re str.
Rd 7 mit Abn str: 1 re – 2 re zus – 2 re zus – im Muster weiter str und 4 M vor der Markierung enden – 2 re verschr zus – 2 re verschr zus.
Nach den Abn das Muster anpassen.

Gr. S:
Die Abn in jeder 21. Rd wdh, bis insgesamt 10 Abn gestr sind = 64 M.
GLEICHZEITIG nach 24 Karomustern am Ärmel C mit D ersetzen.
6 Karomuster mit D str.

Gr. (M)L:
Die Abn in jeder 14. Rd wdh, bis insgesamt (8)12 Abn gestr sind = (80)72 M.
Danach die Abn noch 4(1)-mal in jeder 21. Rd str = (64)68 M.
GLEICHZEITIG nach (24)23 Karomustern am Ärmel C mit D ersetzen.
6 Karomuster mit D str.

Gr. XL:
Die Abn in jeder 14. Rd wdh, bis insgesamt 14 Abn gestr sind = 72 M.
GLEICHZEITIG nach 23 Karomustern am Ärmel C mit D ersetzen.
6 Karomuster mit D str.

Alle Gr.:
Es sind insgesamt 30(30)29(29) Karomustern und ca. 41(41)39(39) cm gestr.
1 Rd re mit A str.

Zu Nd 2½ mm wechseln.
Mit A str: 1 Rd li – 8 Rd re str.
Alle M locker abketten.
Den Rand einrollen lassen.

Den zweiten Ärmel genauso str.

FERTIGSTELLUNG

Den unteren Rand an der linken Reihe auf die Innenseite umlegen und festnähen.
Darauf achten, dass die richtigen M aufeinanderliegen und der Rand nicht schräg wird.

Alle Fäden vernähen.

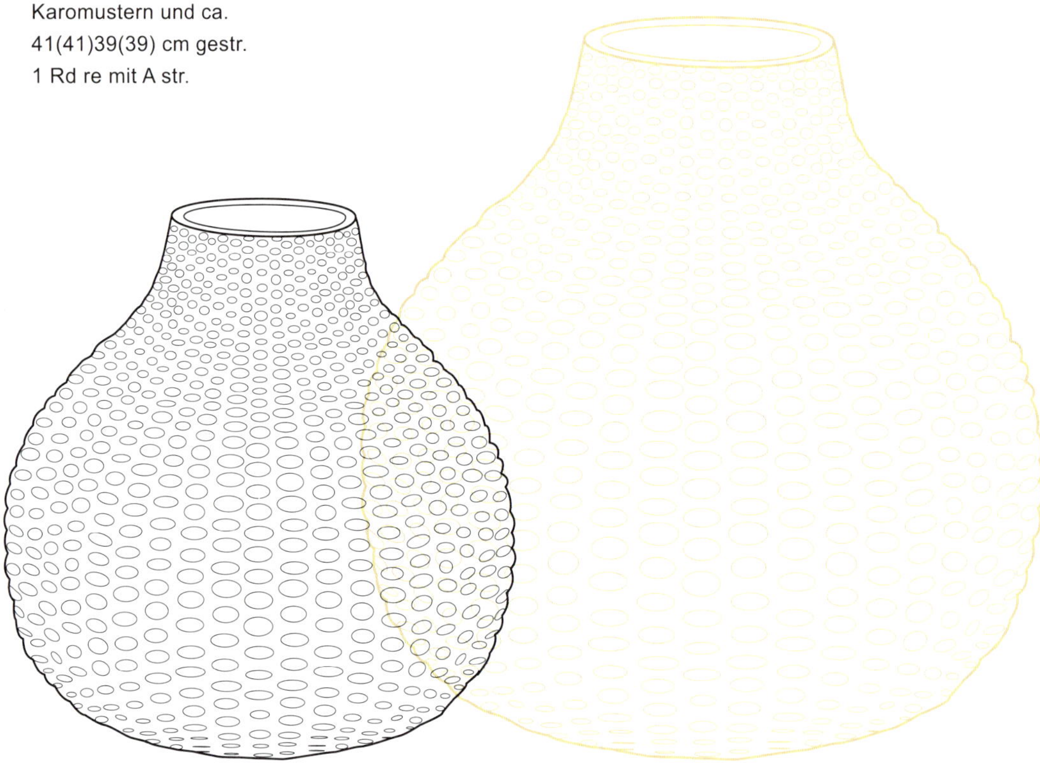

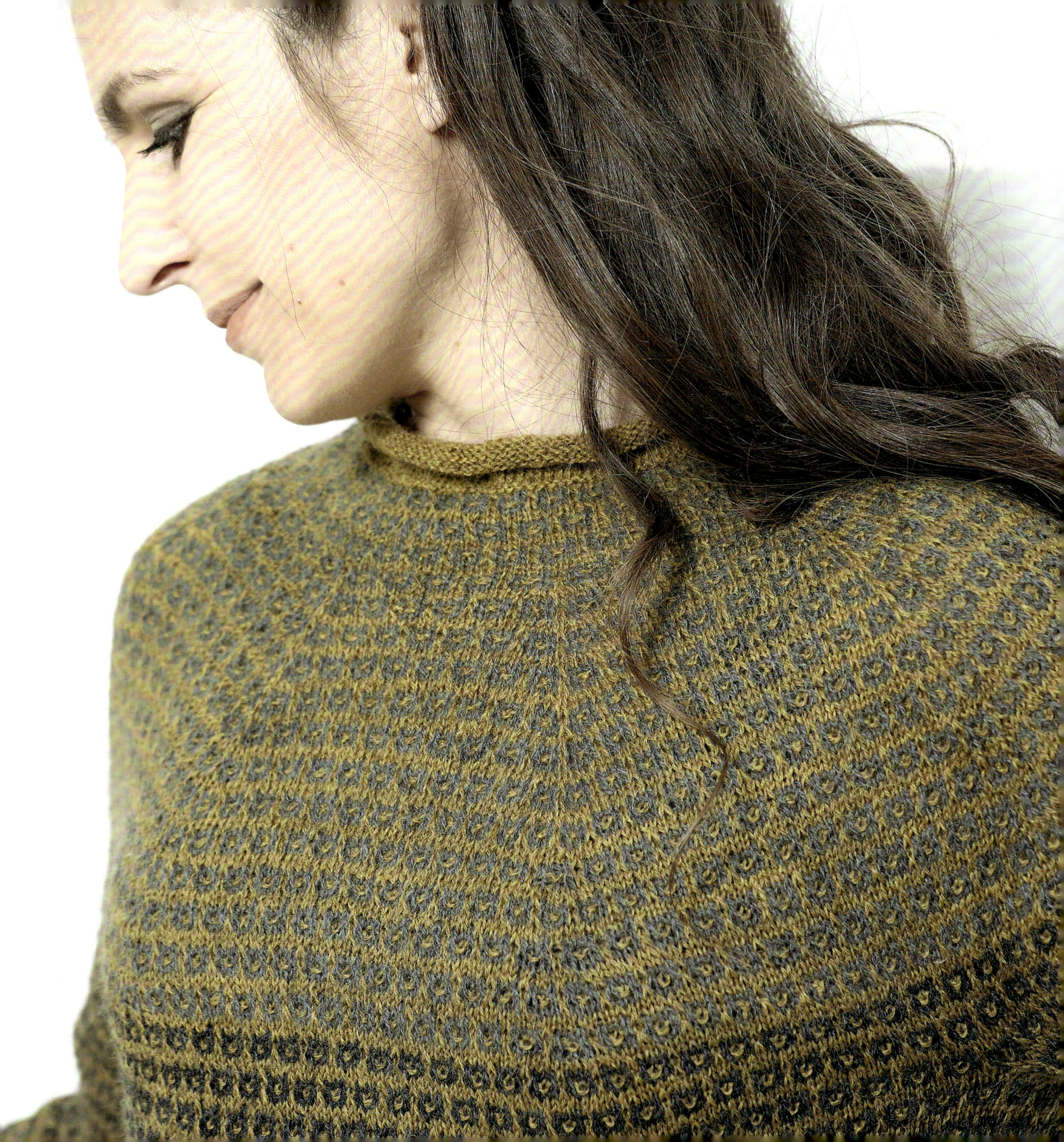

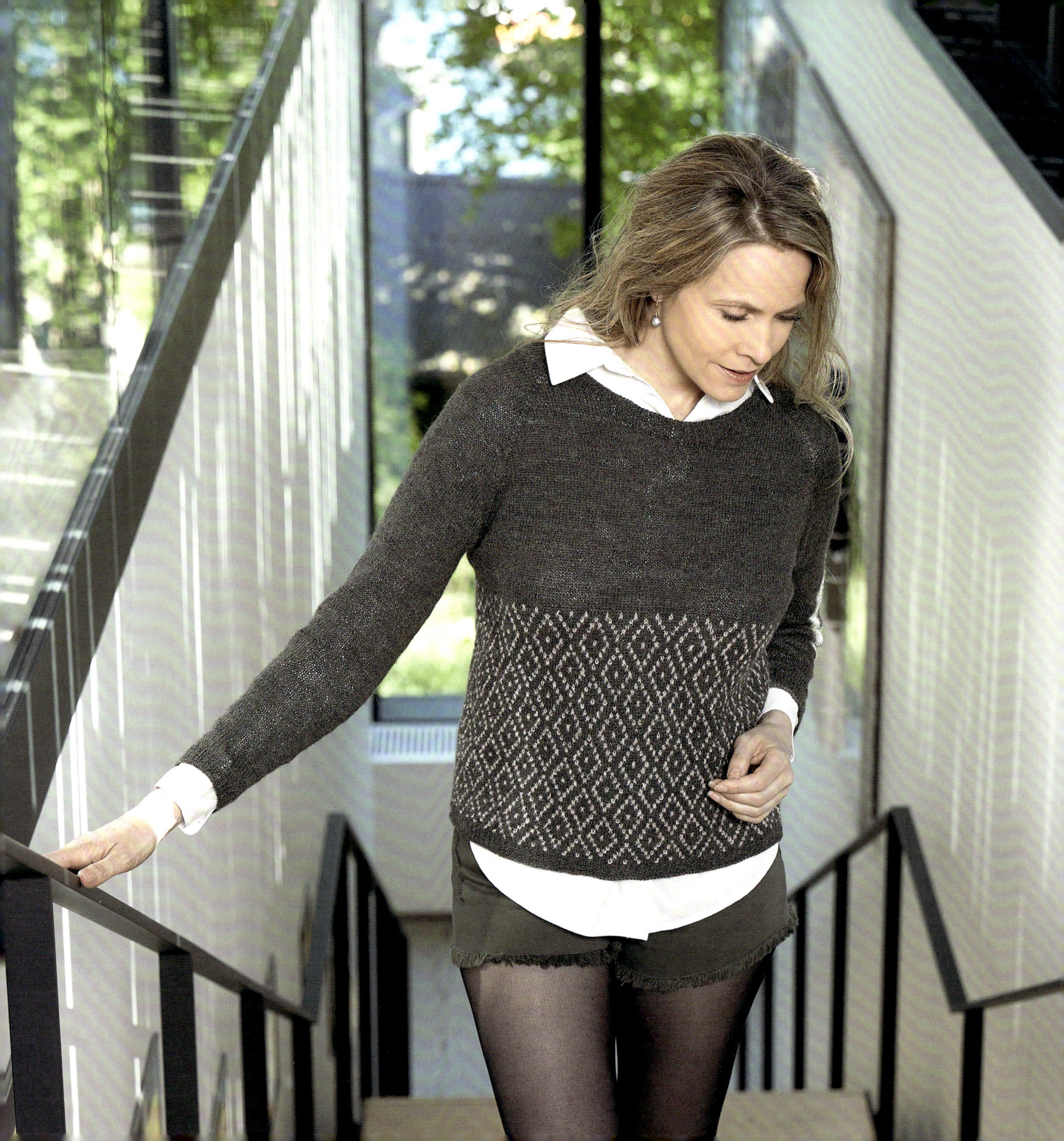

FEUERSTEIN

Gr.: S(M)L(XL)

Halbe Oberweite: 48(50)55(60) cm
Länge: 55(56)58(58) cm
Ärmellänge ab Armausschnitt: 44(43)42(41) cm

Material:
A: 250(250)300(300)g Isager Alpaca 2 Farbe Forest
B: 50g Tvinni Farbe 61s

Rundnadel und Nadelspiel 2½ und 3 mm

Maschenprobe glatt rechts: 10 cm = 28 M und 36 R

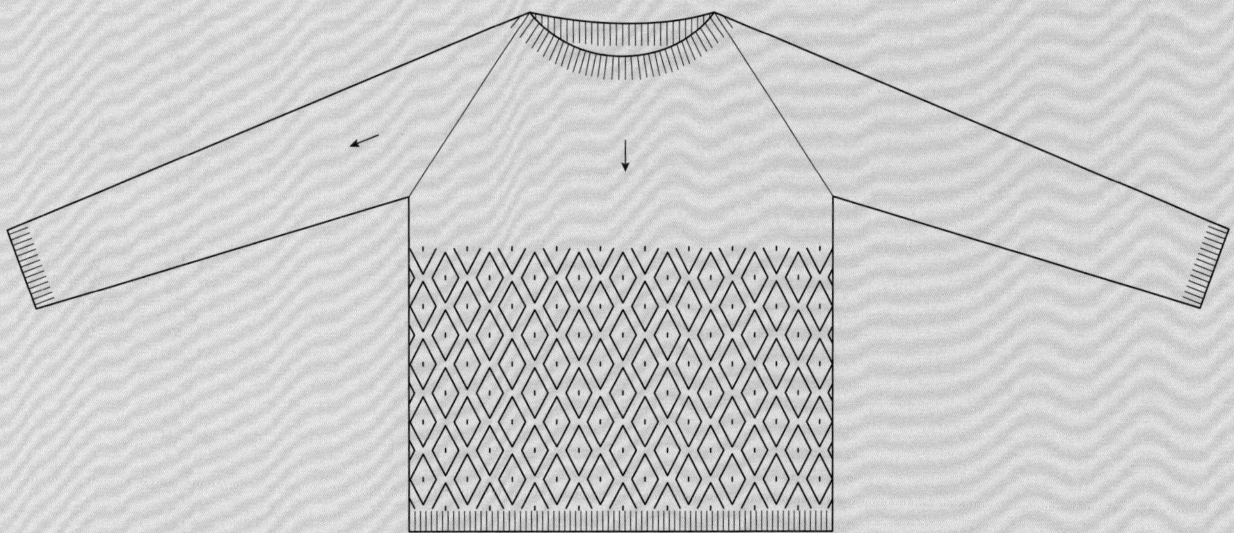

Axel Salto. Schale. Ohne Jahresangabe
Steingut mit Sung-Glasur. Durchmesser 13 cm
Königliche Porzellanmanufaktur
CLAY – Keramikmuseum Dänemark

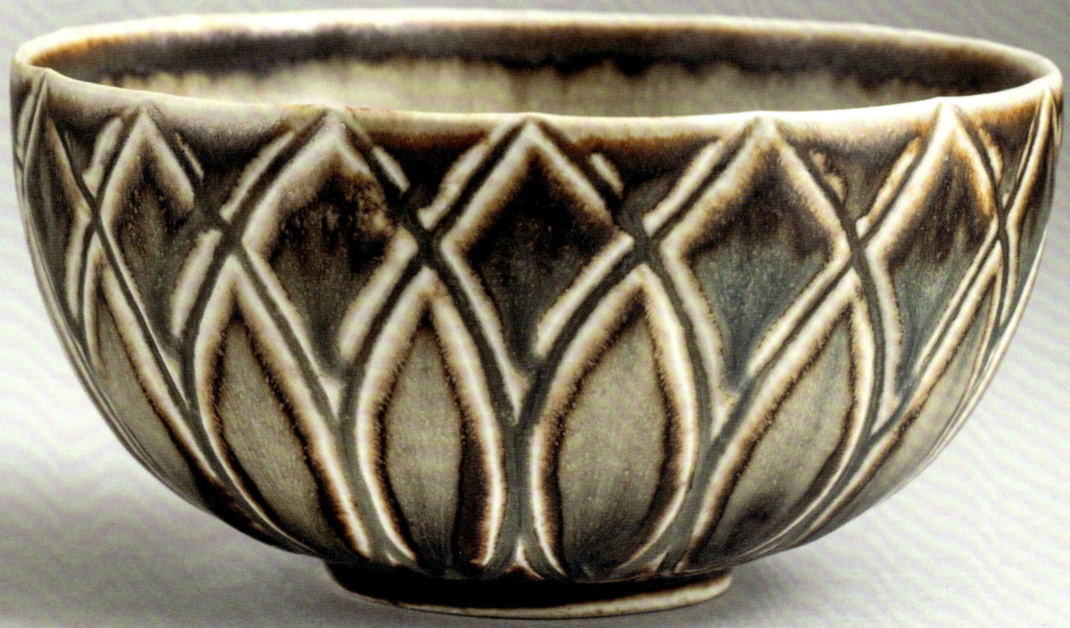

PASSE

82(82)100(100) M mit Nd 3 mm und A anschlagen.
In Reihen hin und her str.

Reihe 1 (RückR): 1 re – 80(80)98(98) li – 1 re.

Reihe 2 mit RaglanZun: 1 re – 1 neue re (s. Abk.) – 1 RaglanM re – 1 neue re – 10(10)14(14) ÄrmelM re – 1 neue re – 1 RaglanM re – 1 neue re – 56(56)66(66) NackenM re – 1 neue re – 1 RaglanM re – 1 neue re – 10(10)14(14) ÄrmelM re – 1 neue re – 1 RaglanM re – 1 neue re – 1 re – 1 neue M anschlagen = 91(91)109(109) M.
Die RaglanM in allen HinR re str.
Reihe 3: 1 re – 90(90)108(108) li – 1 neue M anschlagen = 92(92)110(110) M.

Reihe 4: 3 re – 1 neue re – RaglanM – 1 neue re – 12(12)16(16) re – 1 neue re – RaglanM – 1 neue re – 58(58)68(68) re – 1 neue re – RaglanM – 1 neue re – 12(12)16(16) re – 1 neue re – RaglanM – 1 neue re – 3 re – 1 neue M anschlagen = 101(101)119(119) M.
Reihe 5: 1 re – 100(100)118(118) li – 1 neue M anschlagen = 102(102)120(120) M.

Glatt rechts weiter str und in allen HinR an beiden Seiten der RaglanM 1 M zun.
GLEICHZEITIG an beiden Seiten noch 1(1)5(5)-mal am Ende der R 1 neue M anschlagen = 112(112)170(170) M.

Die RaglanZun in allen HinR fortsetzen, aber nun beidseitig am Ende der R 5-mal 2 neue M anschlagen = 172(172)230(230) M.

Die RaglanZun in allen HinR fortsetzen, aber nun beidseitig am Ende der R 4-mal 3 neue M anschlagen = 228(228)286(286) M.

Es sind nun insgesamt 12(12)16(16) RaglanZun gestr.
Den Faden abschneiden.

38(38)46(46) M vom linken Vorderteil + 1 RaglanM + 34(34)46(46) M vom linken Ärmel auf die rechte Nd umsetzen, ohne sie zu str.
Der neue RdBeginn ist nun zwischen dem linken Ärmel und den RückenM.

Rd 1 mit RaglanZun: RaglanM – 1 neue re – 80(80)98(98) RückenM re – 1 neue re – RaglanM – 1 neue re – 34(34)46(46) ÄrmelM re – 1 neue re – RaglanM – 1 neue re – 38(38)46(46) re – 4(4)6(6) neue M anschlagen - zur Runde schließen und weiter über die nächsten 38(38)46(46) VorderteilM str – 1 neue re – RaglanM – 1 neue re – 34(34)46(46) ÄrmelM re – 1 neue re = 240(240)300(300) M.
Rd 2: Alle M re str.

Die beiden Rd wdh und die RaglanZun noch 19(21)19(21)-mal str = 392(408)452(468) M.

3 Rd re ohne Zun str.

TEILUNG

122(126)140(144) RückenM re str – 74(78)86(90) ÄrmelM stilllegen – 11(14)14(24) neue M anschlagen –122(126)140(144) VorderteilM re str – 74(78)86(90) ÄrmelM stilllegen – 11(14)14(24) neue M anschlagen.

KÖRPER

25(25)25(18) Rd re über die 266(280)308(336) KörperM str.

Danach 4-mal das Diagramm mit A + B str = 80 Rd.
Die DiagrammRd 1-12 noch einmal str.
B abschneiden.
1 Rd re mit A str.
Die Arbeit misst ab der Teilung ca. 33 cm.

Zu Nd 2½ mm wechseln.
Abn str: 6 re – *2 re zus – 12 re*.
Von * bis * wdh.
Enden mit 2 re zus – 6 re = 247(260)286(312) M.

Gr. S:
Rd 1 mit Abn str: 2 re zus – 1 li – *1 re – 1 li*.
Von * bis * wdh.
Rd 2: 246 re.
Rd 3: *1 re – 1 li*.
Von * bis * wdh.
Rd 2-3 insgesamt 5-mal str.
In der HinR alle M locker abketten.

Gr. (M)L(XL):
Rd 1: *1 re – 1 li*.
Von * bis * wdh.
Rd 2: (260)286(312) re.
Rd 1-2 insgesamt 5-mal str.
Enden mit Rd 1.
In der HinR alle M locker abketten.

ÄRMEL

74(78)86(90) ÄrmelM auf ein Nadelspiel 3 mm setzen.

12(14)14(24) neue M aus dem Anschlag unter dem Ärmel str – 74(78)86(90) ÄrmelM re str = 86(92)100(114) M.
6(7)7(12) re str = Mitte unter dem Ärmel.
Hier eine Markierung für den RdBeginn setzen.

6(5)3(10) Rd re str.

1. Abn: 1 re – 2 re zus – bis zu den 3 letzten M str – 2 re verschr zus – 1 re = 82(88)98(116) M.
Die Abn in jeder 8.(7.)6.(4.) Rd wdh, bis 50(52)54(58) M auf der Nd sind.

Weiter str, bis der Ärmel ca. 41(40)39(38) cm misst.

Zu Nadelspiel 2½ mm wechseln.
Rd 1: *1 re – 1 li*.
Von * bis * wdh.
Rd 2: 50(52)54(58) re.
Rd 1–2 wdh und nach insgesamt 11 Rd enden.

Alle M re abketten.
Den zweiten Ärmel genauso str.

HALSRAND

Von der Außenseite mit einer Rundnadel 2½ mm und A neue M aus dem Halsausschnitt str.

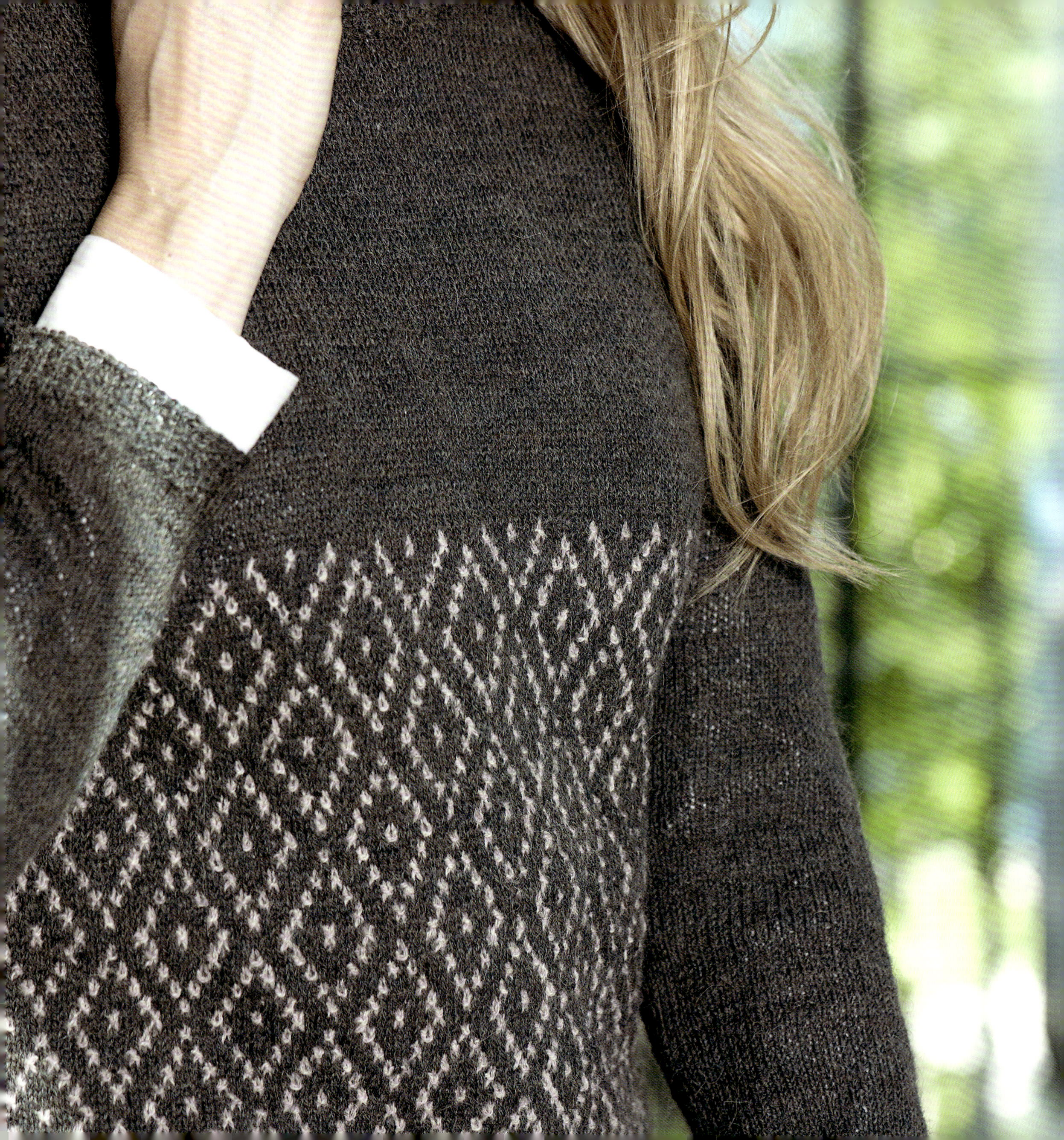

Im Übergang zwischen Rücken und linkem Ärmel beg:
1 M aus dem Übergang zum Ärmel str – 10(10)14(14) M aus dem linken Ärmel str – 1 M aus dem Übergang zum Vorderteil str – 33(33)39(39) M aus dem linken Vorderteil bis zu den mittleren 4(4)6(6) M str – 4(4)6(6) M aus der Mitte str – 33(33)39(39) M aus dem rechten Vorderteil str – 1 M aus dem Übergang zum rechten Ärmel str – 10(10)14(14) M aus dem rechten Ärmel str – 1 M aus dem Übergang zum Rücken str – 56(56)66(66) M aus dem Rücken str = 150(150)182(182) M.

Gr. S(M):
Rd 1: *1 re – 1 li*.
Von * bis * wdh.
Rd 2: 150(150) re.

Alle Gr.:
Rd 1: *1 re – 1 li*.
Von * bis * wdh.
Rd 2 mit Abn: 1 re – 2 re zus – 6(6)10(10) re – 2 re verschr zus – 1 re – 2 re zus – 66(66)80(80) re – 2 re verschr zus – 1 re – 2 re zus – 6(6)10(10) re – 2 re verschr zus – 1 re – 2 re zus – 52(52)62(62) re – 2 re verschr zus = 142(142)174(174) M.
Rd 3: *1 li – 1 re*.
Von * bis * wdh.
Rd 4 mit Zun: 1 re – 2 re zus – 4(4)8(8) re – 2 re verschr zus – 1 re – 2 re zus – 64(64)78(78) re – 2 re verschr zus – 1 re – 2 re zus – 4(4)8(8) re – 2 re verschr zus – 1 re – 2 re zus – 50(50)60(60) re – 2 re verschr zus = 134(134)166(166) M.
Rd 5: Wie Rd 1 str.

Die Abn an beiden Seiten der selben Stelle wdh.
Jede zweite Rd in 1 x 1 Rippen str und abwechselnd mit 1 re und 1 li beg.

Weiter str, bis insgesamt 4(4)6(6) AbnahmeRd gestr sind = 118(118)134(134) M.
1 Rd mit 1 x 1 Rippen str.

Alle M re abketten.

FERTIGSTELLUNG

Alle Fäden vernähen

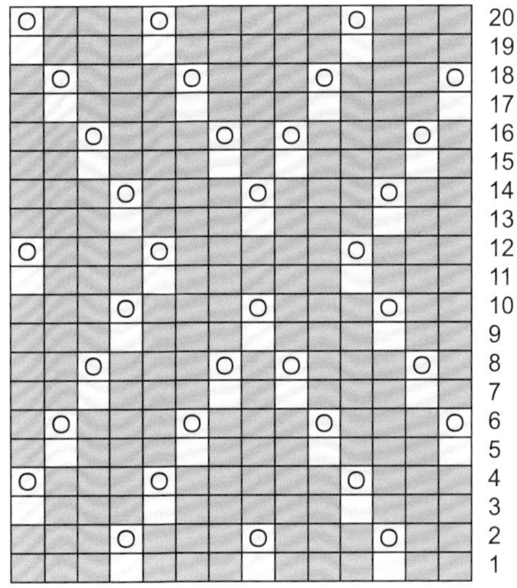

= A: re

= B: re

= B: li

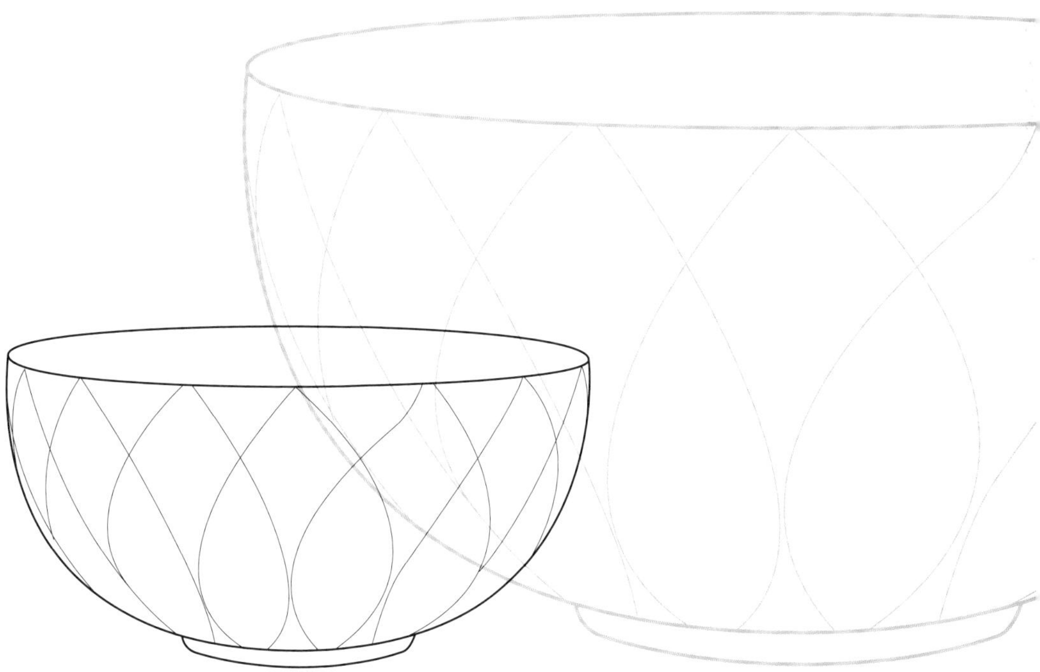

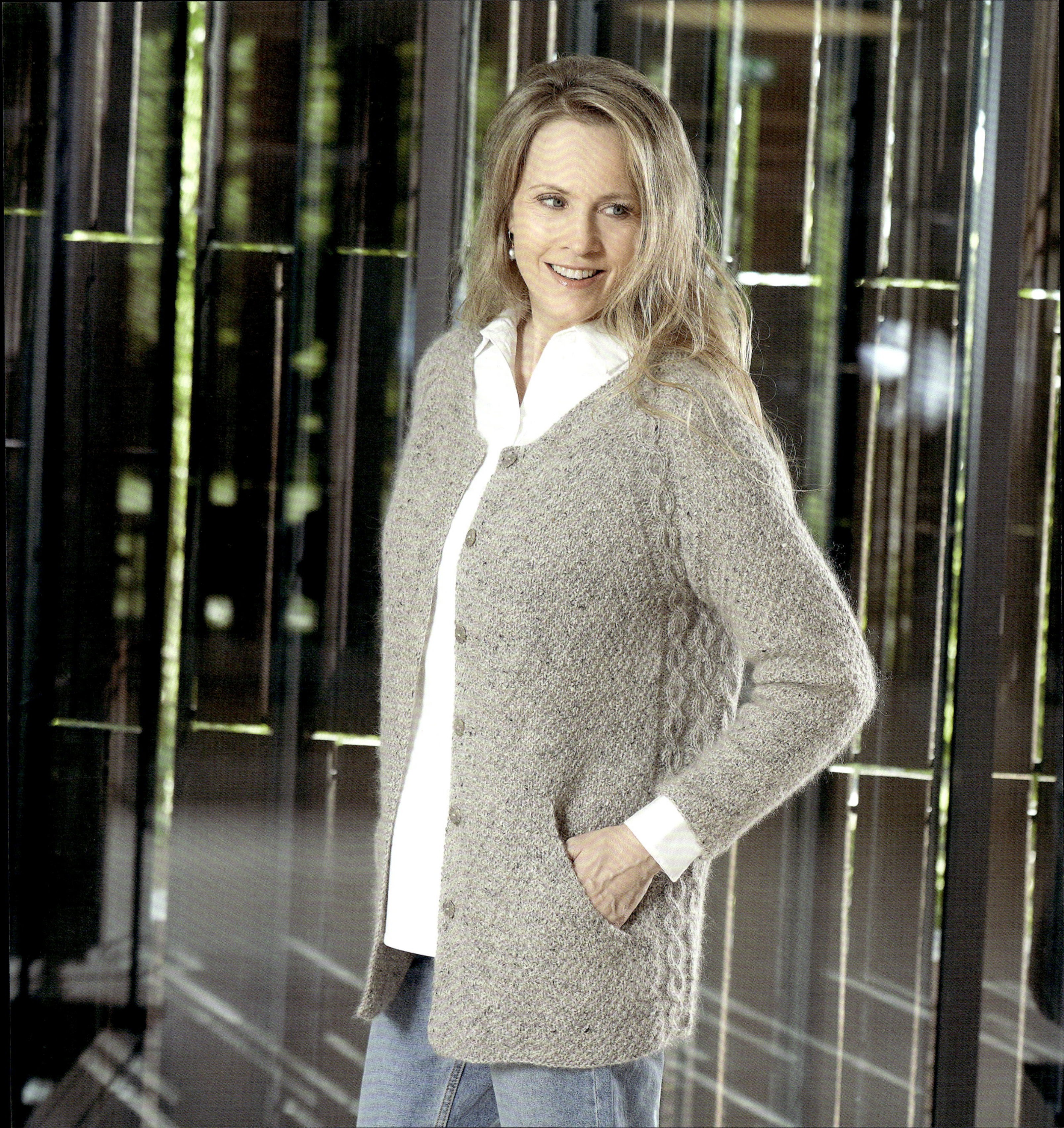

SAND

Gr.: S(M)L(XL)

Rückenbreite: 48(52)56(60) cm
Länge: 65(66)67(68) cm
Ärmellänge ab Armausschnitt: 43(43)42(40) cm

Material

300(300)350(350)g Isager Tweed Farbe Winter Grey
150(150)175(175)g Isager Silk Mohair Farbe 3

6 Knöpfe

Rundnadeln 4 und 4½ mm

Maschenprobe glatt rechts mit Nd 4½ mm: 10 cm = 19 M und 25 R

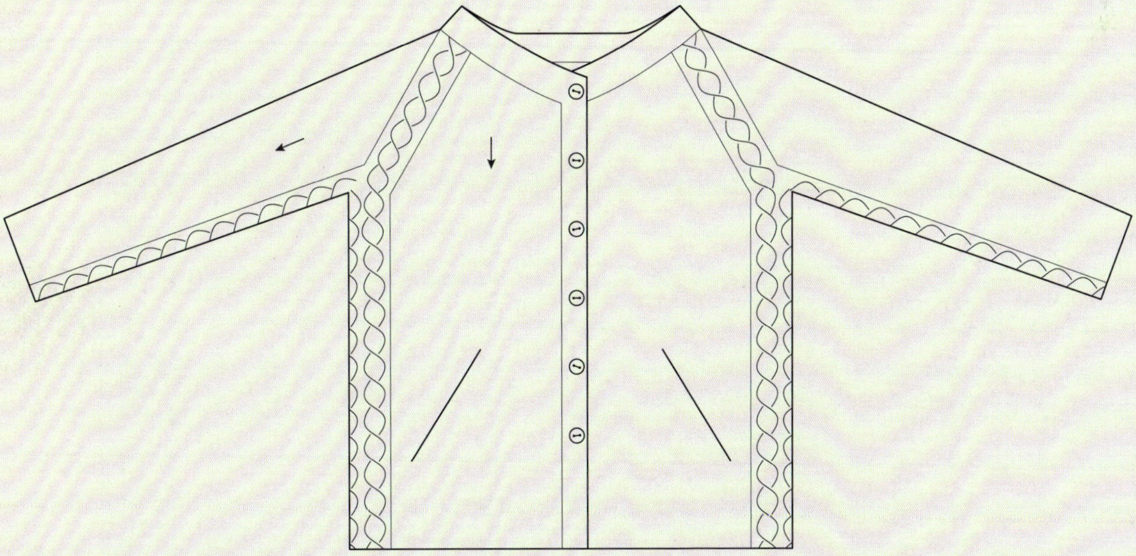

Axel Salto. Vase. Ca. 1929-30
Steingut mit verschiedenen Glasuren
Kopenhagens Steingutbrennerei und Königliche Porzellanmanufaktur
CLAY – Keramikmuseum Dänemark

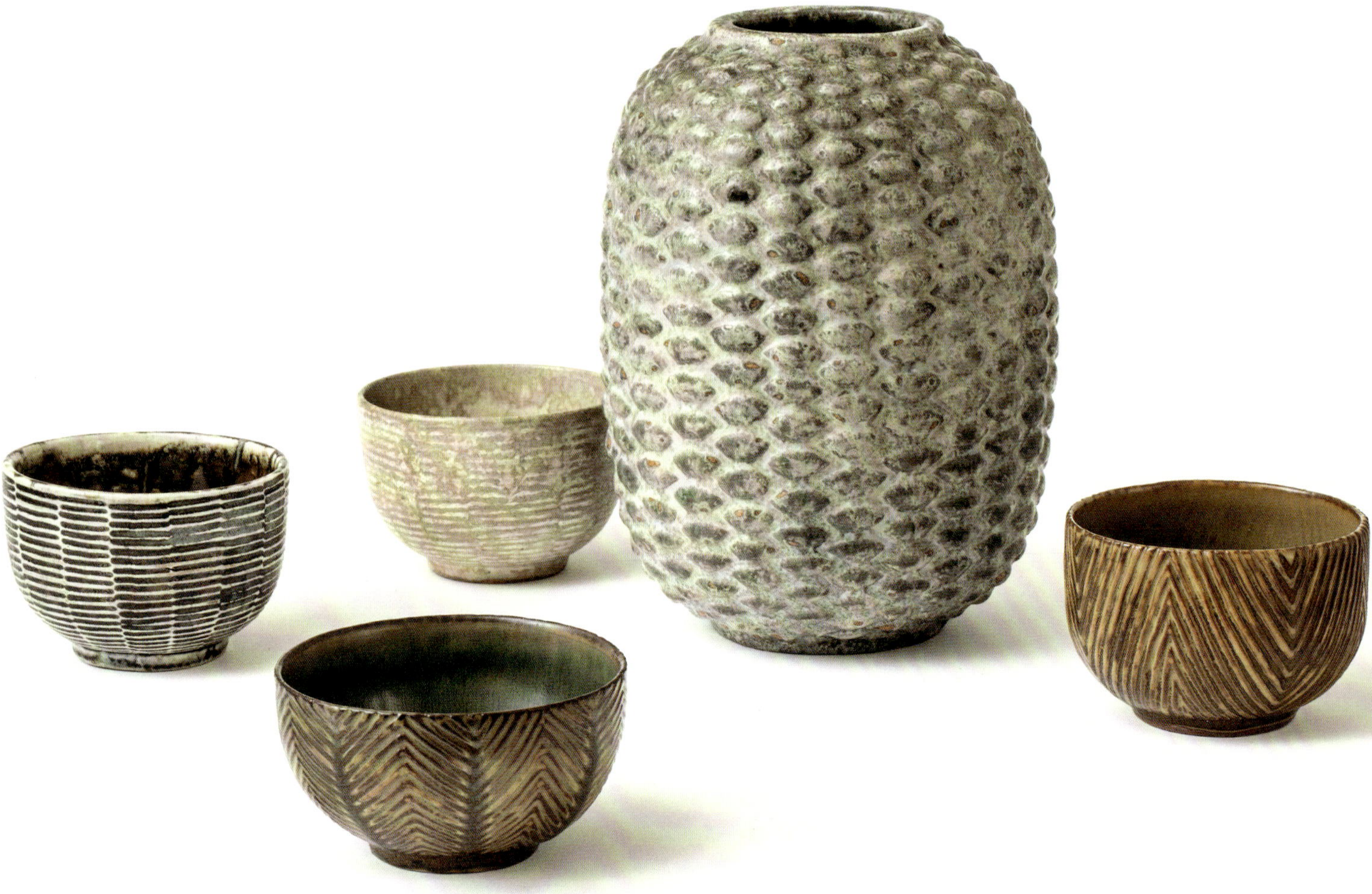

PASSE

86(86)94(98) M mit Nd 4½ mm und beiden Qualitäten anschlagen.
In Reihen hin und her str.
Laut Diagramm 1 str.

Reihe 1 (RückR): 1 re – 1 li – 1. DiagrammR – *1 re – 1 li*. Von * bis * insgesamt 2(2)3(3)-mal über die ÄrmelM str - 1. DiagrammR – von * bis * insgesamt 13(13)15(17)-mal über die RückenM str – 1. DiagrammR – von * bis * insgesamt 2(2)3(3)-mal über die ÄrmelM str – 1. DiagrammR – 1 re – 1 li.

Reihe 2: 2aus1M (s. Abk.) str – 1 re – 1 neue li (s. Abk.) – 2. DiagrammR – 1 neue re (s. Abk.) – *1 li – 1 re*.
Von * bis * insgesamt 2(2)3(3)-mal str – 1 neue li – 2. DiagrammR – 1 neue re – von * bis * insgesamt 13(13)15(17)-mal str – 1 neue li – 2. DiagrammR – 1 neue re – von * bis * insgesamt 2(2)3(3)-mal str – 1 neue li – 2. DiagrammR – 1 neue re – 1li – 2aus1M = 96(96)104(108) M.

Reihe 3: 2aus1M – 1 li – 1 re – 1 li – 3. DiagrammR –*1 re – 1 li*. Von * bis * insgesamt 3(3)4(4)-mal str – 3. DiagrammR – von * bis * insgesamt 14(14)16(18)-mal str – 3. DiagrammR – von * bis * insgesamt 3(3)4(4)-mal str – 3. DiagrammR – 1 re – 1 li – 1 re – 2aus1M.

Reihe 4: 2aus1M – *1 li – 1 re*. Von * bis * insgesamt 2-mal str – 1 neue li – 4. DiagrammR – 1 neue re – von * bis * insgesamt 3(3)4(4)-mal str – 1 neue li – 4. DiagrammR – 1 neue re – von * bis * insgesamt 14(14)16(18)-mal str – 1 neue li – 4. DiagrammR – 1 neue re – von * bis * insgesamt 3(3)4(4)-mal str – 1 neue li – 4. DiagrammR – 1 neue re – von * bis * insgesamt 2-mal str – 2aus1M = 108(108)116(120) M.

Reihe 5: 2aus1M – *1 re – 1 li*. Von * bis * insgesamt 3-mal str – 5. DiagrammR – von * bis * insgesamt 4(4)5(5)-mal str – 5. DiagrammR – von * bis * insgesamt 15(15)17(19)-mal str – 5. DiagrammR – von * bis * insgesamt 4(4)5(5)-mal str – 5. DiagrammR – von * bis * insgesamt 3-mal str – 2aus1M.

Reihe 6: 2aus1M – 1 re – *1 li – 1 re*.
Von * bis * insgesamt 3-mal str – 1 neue li – 6. DiagrammR – 1 neue re – von * bis * insgesamt 4(4)5(5)-mal str – 1 neue li – 6. DiagrammR – 1 neue re – von * bis * insgesamt 15(15)17(19)-mal str – 1 neue li – 6. DiagrammR – 1 neue re – von * bis * insgesamt 4(4)5(5)-mal str – 1 neue li – 6. DiagrammR – 1 neue re – von * bis * insgesamt 3-mal str – 1 li – 2aus1M = 120(120)128(132) M.

Reihe 7: 2aus1M – 1 li – *1 re – 1 li*.
Von * bis * insgesamt 4-mal str – 7. DiagrammR – von * bis * insgesamt 5(5)6(6)-mal str – 7. DiagrammR – von * bis * insgesamt 16(16)18(20)-mal str – 7. DiagrammR – von * bis * insgesamt 5(5)6(6)-mal str – 7. DiagrammR – von * bis * insgesamt 4-mal str – 1 re – 2aus1M.

Reihe 8: 2aus1M – *1 li – 1 re*. Von * bis * insgesamt 5-mal str – 1 neue li – 8. DiagrammR – 1 neue re – von * bis * insgesamt 5(5)6(6)-mal str – 1 neue li – 8. DiagrammR – 1 neue re – von * bis * insgesamt 16(16)18(20)-mal str – 1 neue li – 8. DiagrammR – 1 neue re – von * bis * insgesamt 5(5)6(6)-mal str – 1 neue li – 8. DiagrammR – 1 neue re – von * bis * insgesamt 5-mal str – 2aus1M = 132(132)140(144) M.

Weitere 6(8)10(10) R im Muster mit den Zun in jeder HinR an beiden Seiten des Diagramms UND den Zun am Anfang und Ende **jeder** R str.
Letzte R = 6.(8.)2.(2.) DiagrammR.
Es sind nun 168(180)200(204) M auf der Nd.
An jeder Seite der Diagramme sind nun insgesamt 7(8)9(9) Zun gestr.

Keine weiteren Zun für den Halsausschnitt am Anfang und Ende der R str.
Im Muster weiter str.
Die erste und letzte M in allen R re str.
Die Zun in den HinR an beiden Seiten der Diagramme noch 16(17)18(20)-mal str = 296(316)344(364) M.

Teilung der Maschen:
Eine RückR im Muster str:
49(53)57(59) VorderteilM str – 52(56)62(66) ÄrmelM stilllegen – 10 neue M anschlagen – 94(98)106(114) RückenM str – 52(56)62(66) ÄrmelM stilllegen – 10 neue M anschlagen – 49(53)57(59) VorderteilM str.

KÖRPER

Im Muster über die 212(224)240(252) KörperM weiter str.
Nun laut Diagramm 2 str.

Reihe 1 (HinR): 38(42)46(48) M im Perlmuster wie bisher str – *8.(4.)8.(4.) DiagrammR str – 2 li – 4 re – 2 li – 8.(4.)8.(4.) DiagrammR str* – die RückenM im Perlmuster str – wieder von * bis * str – die VorderteilM im Perlmuster str.

Reihe 2: 38(42)46(48) M im Muster str – *laut Diagramm 2 str. Mit der 1.(5.)1.(5.) DiagrammR beg* – die RückenM im Muster str – wieder von * bis * str – die VorderteilM im Muster str.

Im Perlmuster und laut Diagramm 2 weiter str, bis die Arbeit ab dem Armausschnitt ca. 18(18)17(17) cm misst.
Mit einer RückR enden.

TASCHEN

Im Muster weiter str.
Zuerst über das linke Vorderteil str.
Reihe 1 (HinR): 16(20)24(26) M str. Wenden.
Reihe 2: 2aus1M str – 15(19)23(25) M.
Reihe 3: 17(21)25(27) M str. Wenden.
Reihe 4: 2aus1M str – 16(20)24(26) M str.
Fortsetzen, bis insgesamt 18 Zun am Anfang der RückR gestr sind = 34(38)42(44) M.
1 HinR str.
Die Fäden abschneiden und die M stilllegen.

Den Körper weiter str:
4 neue M anschlagen – weiter über die letzten 22 VorderteilM str – Zöpfe str – die RückenM str – Zöpfe str – 22 VorderteilM str - 4 neue M anschlagen = 188(192)198(204) M.
5 R im Muster über diese M str.
Die letzten 16(20)24(26) VorderteilM nicht str.
In der nächsten HinR aus der 1. und letzten M Zun mit 2aus1M str = 190(194)200(206) M.
Diese Zun an beiden Seiten noch 5-mal (insgesamt 6-mal) in jeder 6. R str = 200(204)210(216) M.
Nach der letzten Zun enden.

Den rechten Taschenboden str:
In der RückR 28 M str = 4 M vor den Zöpfen – 4 neue M anschlagen – wenden.
Über diese 32 M weiter str.
4 R str.
Aus der letzten M der nächsten HinR eine Zun mit 2aus1M str.
5 R str.
Am Ende der HinR eine Zun str.
6 R str.
In der RückR abketten.

144(148)154(160) RückenM auf die rechte Nd überheben, ohne sie zu str.
Die letzten 28 M nicht überheben.

Den linken Taschenboden str:
4 neue M anschlagen – eine RückR über die letzten 28 M str = 32 M.
4 R str.
Aus der ersten M der nächsten HinR eine Zun mit 2aus1M str.
5 R str.
Die HinR wieder mit Zun str.
6 R str.
In der RückR abketten.

Eine HinR über die letzten 16(20)24(26) M des rechten Vorderteils str.
In allen RückR aus der letzten M eine Zun mit 2aus1M str, bis insgesamt 18 Zun gestr sind = 34(38)42(44) M.
Nach der letzten Zun enden.

ZUSAMMENFÜGEN
Wieder alle M auf die Nd setzen.
Eine RückR über das rechte Vorderteil – den Rücken – das linke Vorderteil str = 212(224)238(248) M.

17 R im Muster über alle M str.

In der nächsten HinR Markierungen für das spätere Annähen der Taschen setzen:
4(8)12(14) M str – Markierung – 34 M str – Markierung – 136(140)146(152) M str – Markierung – 34 M str – Markierung – 4(8)12(14) M str.

Nach den Markierungen ca. 5 cm über alle M str.
Die letzte R soll eine 4. oder 8. DiagrammR sein.
In der nächsten RückR alle M abketten.

ÄRMEL

Die ersten 52(56)60(64) ÄrmelM auf ein Nadelspiel 4½ mm setzen.
10 neue M aus den angeschlagenen M im Armausschnitt str.
Es sind nun insgesamt 62(66)70(74) M auf der Nd.
Im Muster die ersten 51(55)59(63) ÄrmelM str.
Hier eine Markierung für den RdBeginn setzen.
Die letzte M ist = 1. DiagrammM.

Zur Runde schließen und laut Diagramm 1 str.
Mit der 8.(4.)8.(4.) DiagrammR beg – 50(54)58(62) M im Perlmuster str.
Noch 7 Rd im Muster str.

ÄrmelAbn str: Laut Diagramm str – 2 re zus – Perlmuster str und 2 M vor der Markierung enden - 2 li zus str.

Diese Abn insgesamt 12(12)14(14)-mal in jeder 8.(8.)6.(6.) R str = 38(42)42(46) M.

Gr. S(M): Bei jeder zweiten AbnahmeRd hinter dem Diagramm 2 li zus und vor dem Diagramm 2 re verschr zus str.
Gr. L(XL): Alle Abn wie die erste Abn str.

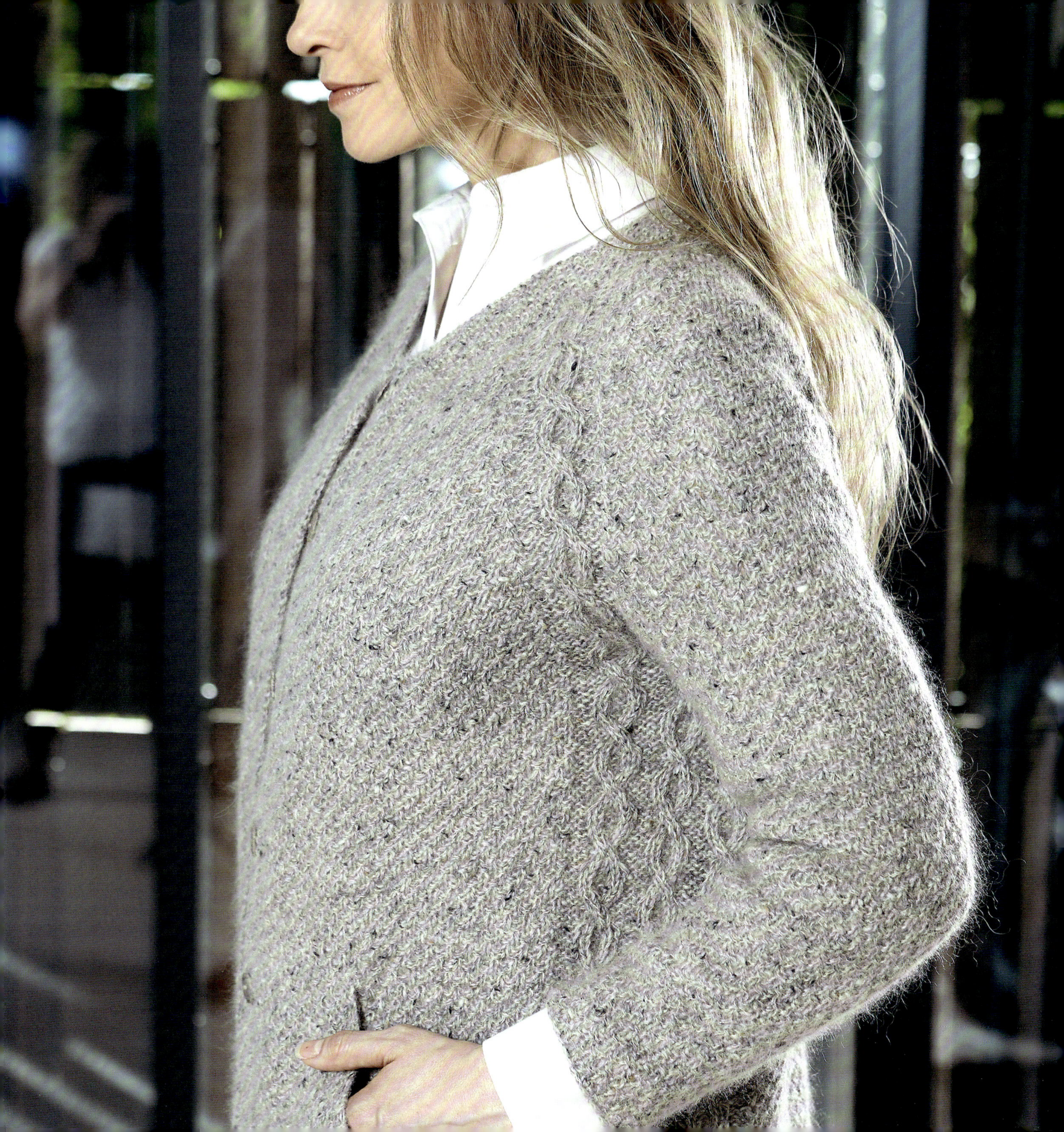

Weiter str, bis der Ärmel ca. 43(43)42(40) cm misst.
In einer ungeraden DiagrammR locker abketten.

Den zweiten Ärmel genauso str.

HALSRAND

Mit Nd 4 mm und beiden Qualitäten neue M aus dem Halsausschnitt str:
19(23)25(25) M aus dem rechten Vorderteil str – 86(86)94(98) aus der AnschlagR str - 19(23)25(25) M aus dem linken Vorderteil str = 124(132)144(148) M.

Im Perlmuster str.
Reihe 1 (RückR): *1 re – 1 li* str.
Von * bis * wdh. Enden mit 2 re.
Reihe 2: 2 re – *1 li – 1 re*.
Von * bis * wdh.
Reihe 3 mit Abn: 2 re zus – *1 re – 1 li*.
Von * bis * wdh. Enden mit 2 re zus.
Reihe 4: Wie Reihe 1 str.
Reihe 5 mit Abn: 2 re zus – *1 li – 1 re*.
Von * bis * wdh. Enden mit 2 re zus.
Reihe 6: Wie Reihe 2 str.
Reihe 7 mit Abn: Wie Reihe 3 str.
Reihe 8: Wie Reihe 1 str.
Reihe 9 mit Abn: Wie Reihe 5 str.
Reihe 10: Wie Reihe 2 str.
Reihe 11 mit Abn: Wie Reihe 3 str.
Reihe 12: Wie Reihe 1 str.

In der nächsten RückR alle M re abketten.

RECHTER VORDERRAND

Mit Nd 4 mm und beiden Qualitäten neue M von außen aus dem rechten Vorderteil str.
Aus je 6 gestr R 4 M herausstr.
Es soll sich eine ungerade Maschenanzahl ergeben.

Im Perlmuster str.
Reihe 1 (RückR): *1 re – 1 li* str.
Von * bis * wdh. Enden mit 1 re.
Reihe 1 insgesamt 6-mal str.

Im Perlmuster weiter str und dabei insgesamt 6 Knopflöcher str (RückR): 3 M str – 2 li zus – 2 neue M anschlagen – 2 re verschr zus – 12 M*.
Von * bis * wdh.
Die R im Muster zu Ende str.

5 R im Perlmuster str.
In der nächsten RückR alle M re abketten.

LINKER VORDERRAND

Die selbe Maschenanzahl wie am rechten Vorderteil herausstr.
Reihe 1 insgesamt 12-mal str.
In der nächsten RückR alle M re abketten.

FERTIGSTELLUNG

Die Taschen an der Innenseite festnähen. Die Abkettreihe der Innentasche zwischen den 2 Markierungen annähen.
Die Knöpfe annähen und alle Fäden vernähen.

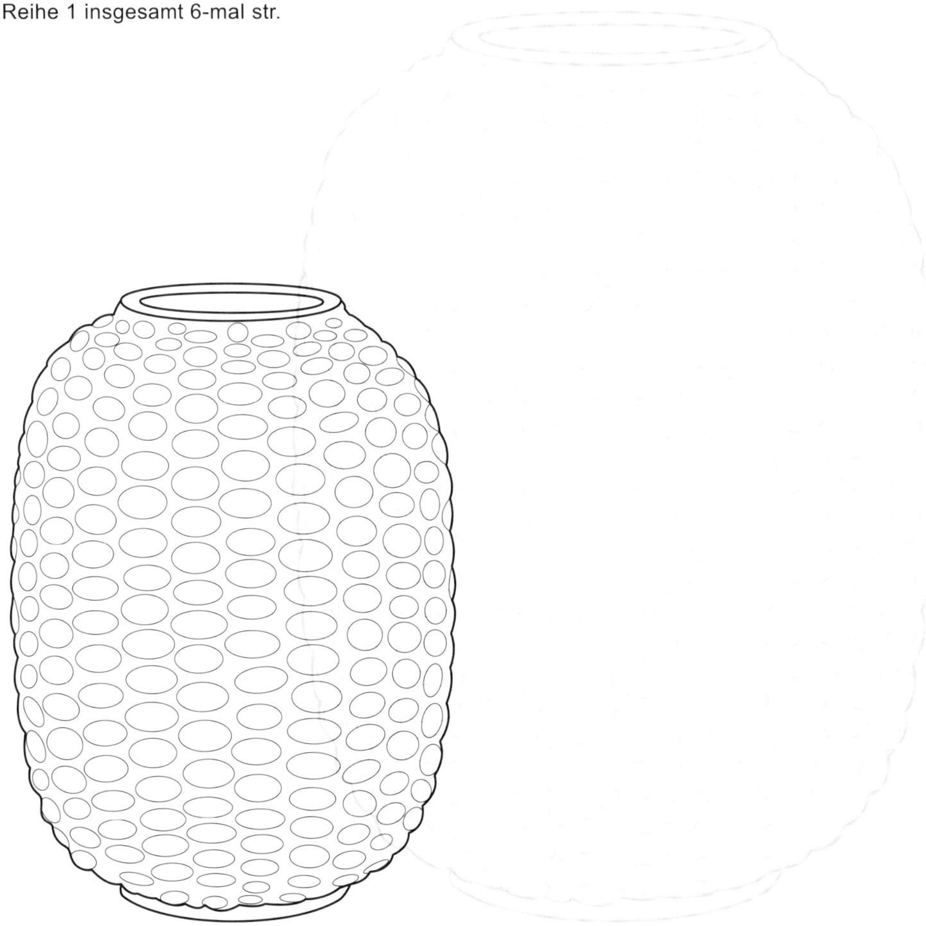

DIAGRAMM 1

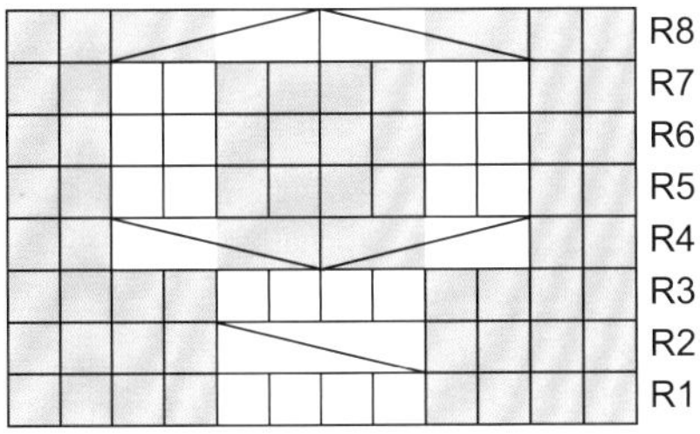

DIAGRAMM 2

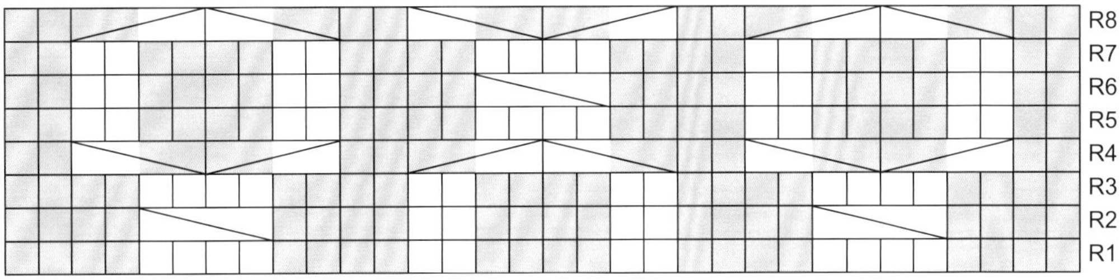

 = In den HinR li und in den RückR re str

 = In den HinR re und in den RückR li str

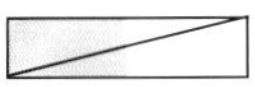 = 2 M auf einer HilfsNd hinter die Arbeit legen – 2 re str – die 2 M der HilfsNd li str

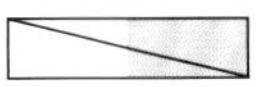 = 2 M auf einer HilfsNd vor die Arbeit legen – 2 li str – die 2 M der HilfsNd re str

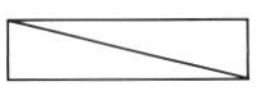 = 2 M auf einer HilfsNd vor die Arbeit legen – 2 re str – die 2 M der HilfsNd re str

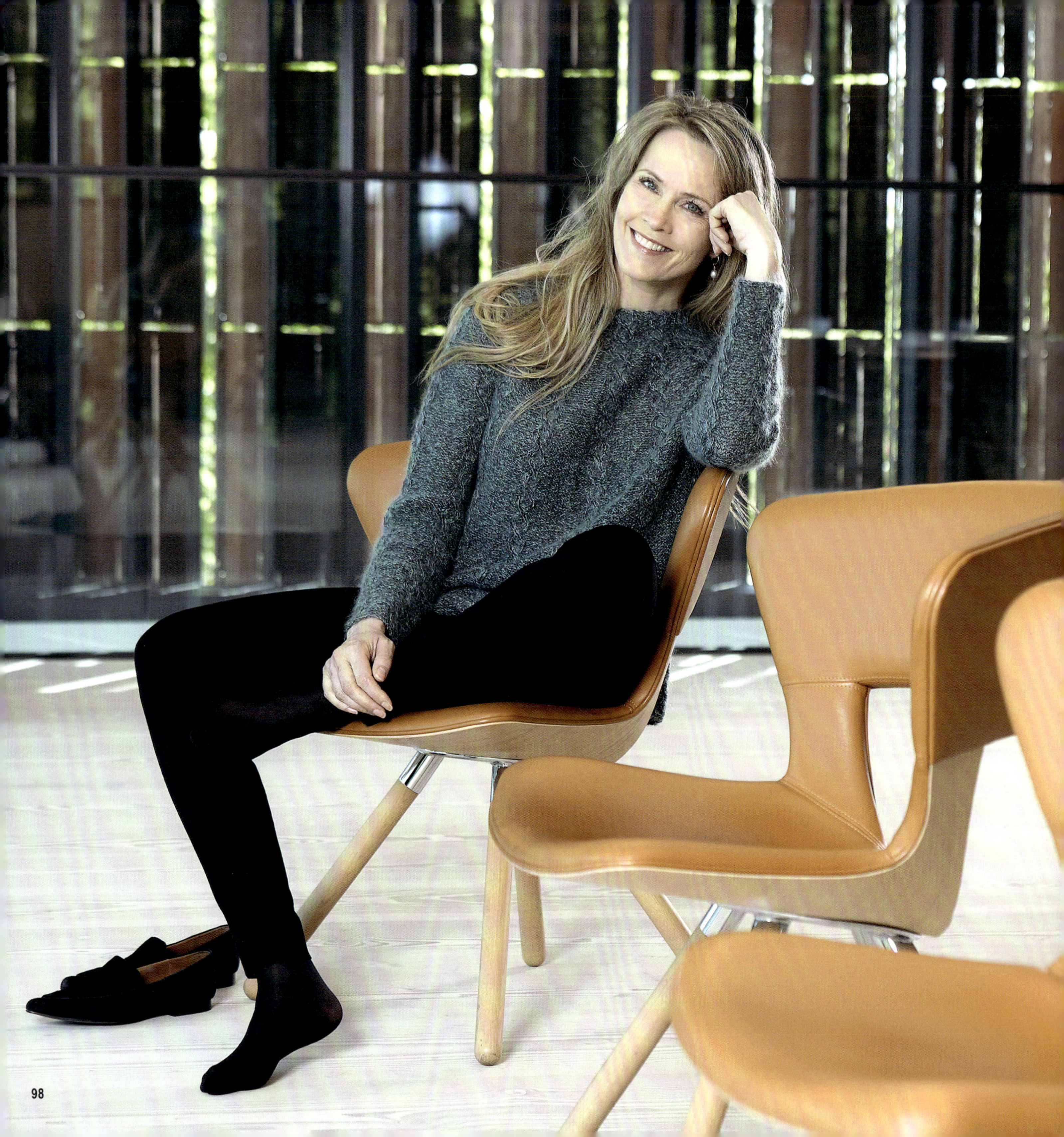

WASSER

Gr.: S(M/L)XL

Halbe Oberweite: 50(56)62 cm
Länge: 59 cm
Ärmellänge ab Armausschnitt: 44 cm

Material
250(250)300g Isager Japansk bomuld Farbe 47
150(150)175g Isager Silk Mohair Farbe 67
Mit je 1 Faden beider Qualitäten stricken

Rundnadel und Nadelspiel 3½ und 4 mm

Maschenprobe glatt rechts mit beiden Qualitäten und Nd 4 mm:
10 cm = 22 M und 28 R

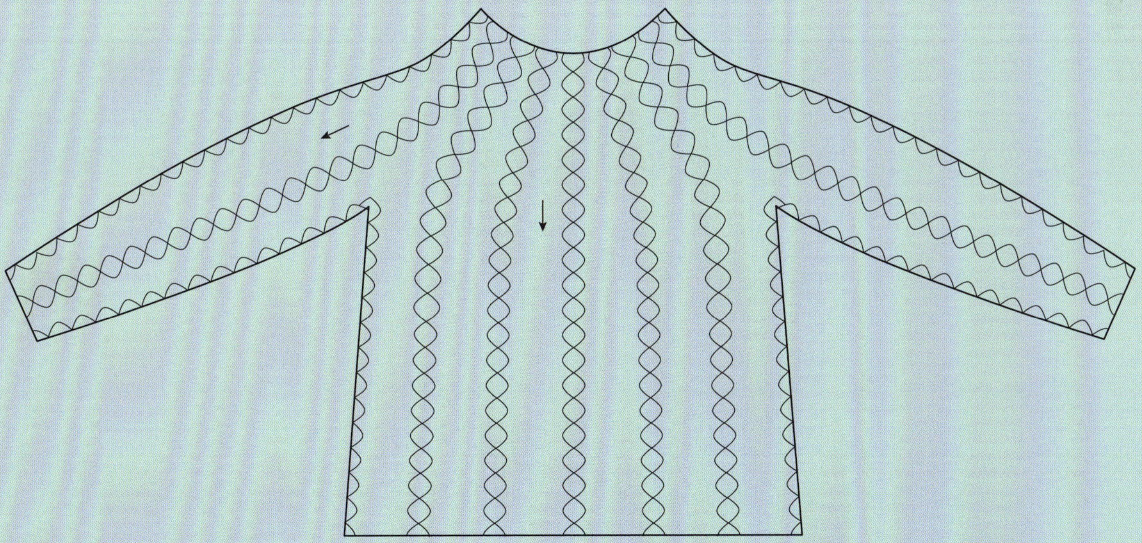

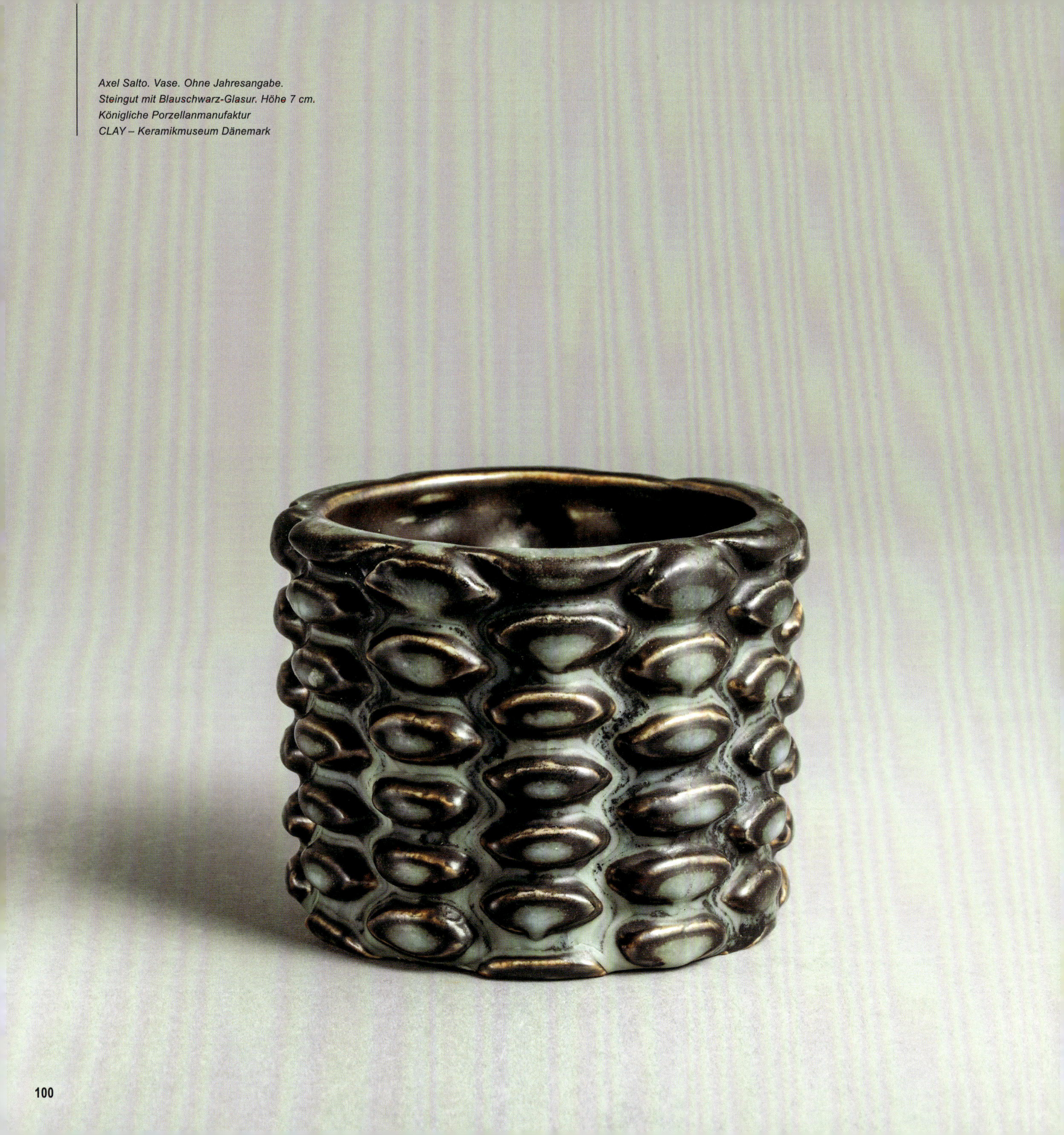

Axel Salto. Vase. Ohne Jahresangabe.
Steingut mit Blauschwarz-Glasur. Höhe 7 cm.
Königliche Porzellanmanufaktur
CLAY – Keramikmuseum Dänemark

Der Pullover wird von oben nach unten gestrickt.

PASSE

160 M mit RundNd 4 mm und beiden Qualitäten anschlagen. Zur Runde schließen und laut Diagramm insgesamt 16 Rd str.

Laut Diagramm weiter str und zw den Rapporten zun.
1. Zun str:
Rd 1: *Diagramm – U*.
Von * bis * wdh = 176 M.
Rd 2: *Diagramm – U li verschr str*.
Von * bis * wdh.
6 Rd ohne Zun str: *Diagramm – 1 li*. Von * bis * wdh.

2. Zun str: *U – Diagramm – U – 1 li*. Von * bis * wdh = 208 M.
Nächste Rd: *U li verschr str – Diagramm – U li verschr str – 1 li*.
Von * bis * wdh.
6 Rd ohne Zun str: *1 li – Diagramm – 2 li*.
Von * bis * wdh.

3. Zun str: *1 li – U – Diagramm – U – 2 li*. Von * bis * wdh = 240 M.
Nächste Rd: *1 li – U li verschr str – Diagramm – U li verschr str – 2 li*.
Von * bis * wdh *.
6 Rd ohne Zun str: *2 li – Diagramm – 3 li*.
Von * bis * wdh.

4. Zun str: *2 li – U – Diagramm – U – 3 li*. Von * bis * wdh = 272 M.
Nächste Rd: *2 li – U li verschr str – Diagramm – U li verschr str – 3 li*.
Von * bis * wdh.
6 Rd ohne Zun str: *3 li – Diagramm – 4 li*.
Von * bis * wdh.

5. Zun str: *3 li – U – Diagramm – U – 4 li*. Von * bis * wdh = 304 M.
Nächste Rd: *3 li – U li verschr str – Diagramm – U li verschr str – 4 li*.
Von * bis * wdh.
6 Rd ohne Zun str: *4 li – Diagramm – 5 li*.
Von * bis * wdh.

6. Zun str: *4 li – U – Diagramm – U – 5 li*.
Von * bis * wdh = 336 M.
Nächste Rd: *4 li – U li verschr str – Diagramm – U li verschr str – 5 li*.
Von * bis * wdh.

Gr. S: Weiterlesen bei Aufteilung.

Gr. (M/L)XL:
6 Rd ohne Zun str: *5 li – Diagramm – 6 li*.
Von * bis * wdh.
7. Zun str: *5 li – U – Diagramm – U – 6 li*.
Von * bis * wdh = 368 M.
Nächste Rd: *5 li – U li verschr str – Diagramm – U li verschr str – 6 li*.
Von * bis * wdh.

Gr. (M/L): Weiterlesen bei Aufteilung.

Gr. XL:
6 Rd ohne Zun str: *6 li – Diagramm – 7 li*.
Von * bis * wdh.
8. Zun str: *6 li – U – Diagramm – U – 7 li*.
Von * bis * wdh = 400 M.
Nächste Rd: *6 li – U li verschr str – Diagramm – U li verschr str – 7 li*.
Von * bis * wdh.

TEILUNG

Die M wie folgt auf Körper und Ärmel verteilen:
Die ersten 62(68)74 ÄrmelM stilllegen – 20(22)24 neue M anschlagen – 106(116)126 VorderteilM str – 62(68)74 ÄrmelM stilllegen – 20(22)24 neue M anschlagen – 106(116)126 RückenM str.
Hier ist der neue RdBeginn.

KÖRPER

Die 252(276)300 KörperM im Muster wie folgt str: *5(6)7 li – Diagramm – 6(7)8 li*.
Von * bis * wdh.

Weiter str, bis der Körper ab der Teilung 38 cm misst.
Mit einer 8. DiagrammRd abschließen.
Mit rechten M abketten – die 4 ZopfM vor dem Abketten erst 2 und 2 M zus str.

ÄRMEL

62(68)74 ÄrmelM auf ein Nadelspiel 4 mm setzen.
20(22)24 neue M aus dem Anschlag im Armausschnitt str – 1 M aus dem Übergang zu den ÄrmelM str – die ÄrmelM im Muster str – 1 M aus dem Übergang str = 84(92)100 M.

Zur Runde schließen und insgesamt 13(13)5 Rd im Muster wie folgt str:
5(6)7 li – Diagramm – 6(7)8 li.
Von * bis * wdh.

1. Abn str: *5(6)7 li – Diagramm – 2 li zus – 4(5)6 li*.
Von * bis * wdh = 80(88)96 M.
11 Rd im Muster str.

2. Abn str: *3(4)5 li – 2 li zus – Diagramm – 5(6)7 li*.
Von * bis * wdh = 76(84)92 M.
11 Rd im Muster str.

3. Abn str: *4(5)6 li – Diagramm – 2 li zus – 3(4)5 li*.
Von * bis * wdh = 72(80)88 M.
11 Rd im Muster str.

Die Abn in jeder 12. Rd abwechselnd vor und nach dem Diagramm str, bis 52(56)60 M auf der Nd sind.

Weiter str, bis der Ärmel ab Armausschnitt ca. 43 cm misst.
Mit einer 8. DiagrammRd abschließen.
Mit rechten M abketten – die 4 ZopfM vor dem Abketten erst 2 und 2 M zus str.

Den zweiten Ärmel genauso str.

FERTIGSTELLUNG

Alle Fäden vernähen.

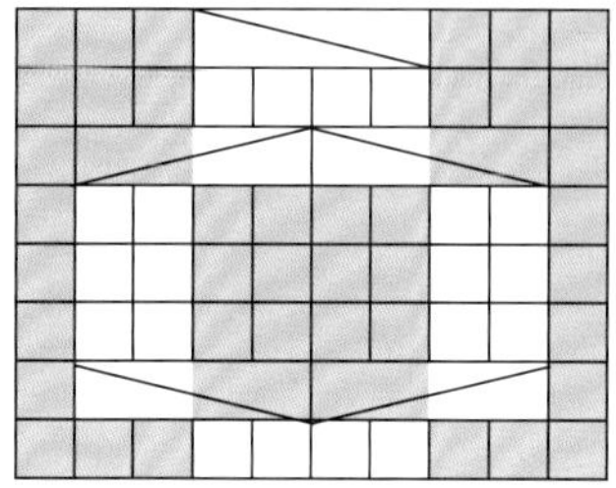

 = In den HinR li und in den RückR re str

 = In den HinR re und in den RückR li str

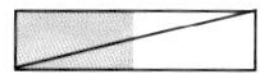 = 2 M auf einer HilfsNd hinter die Arbeit legen – 2 re – die 2 M der HilfsNd li str

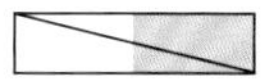 = 2 M auf einer HilfsNd vor die Arbeit legen – 2 li – die 2 M der HilfsNd re str

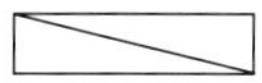 = 2 M auf einer HilfsNd vor die Arbeit legen – 2 re – die 2 M der HilfsNd re str

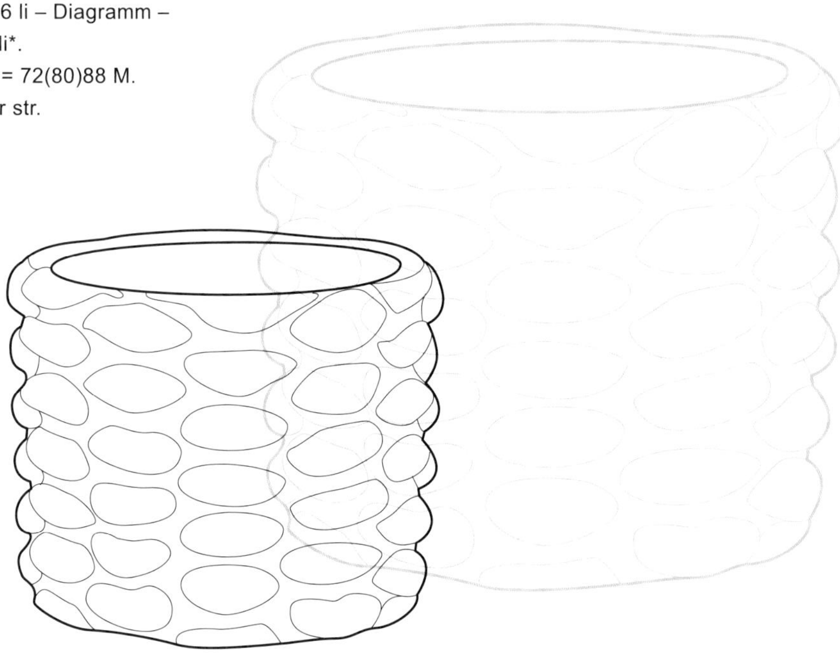

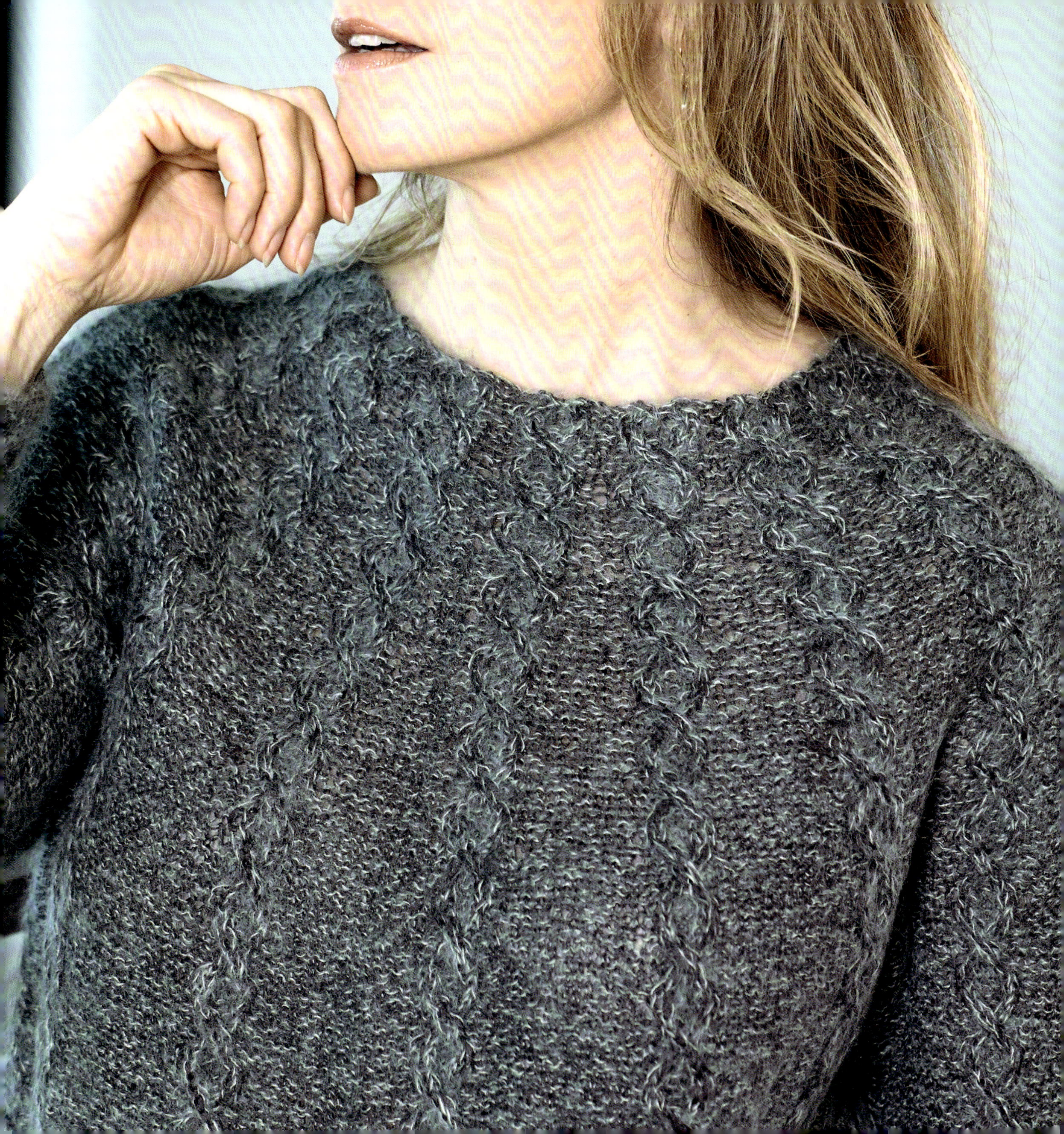